井上和弘の経営の核心102項

井上和弘

日本経営合理化協会出版局

はじめに

私には2種類の強烈なファンがいます。ひとつは戦後生まれのベテラン経営者です。

昭和の時代、銀行融資に苦労され、担保確保のため資産所有に勤《いそ》しみ、資産をもつことが信用だと信じてこられた方々です。そして、バブル経済が崩れて倒産の影に悩まされた時、私の著書『儲かるようにすべてを変える』を読み、オフバランスを実践され、生き延《の》びた経営者です。

もうひとつのグループは私が30数年塾長を務める「後継社長塾」の修了生です。特に、先代経営者がとってきた路線変更のために、激しい先人との争いの中で「たたむ・削る・変える」を実践され、ROA(総資産利益率)を改善なさった若手経営者です。

私は平成11年、商工にっぽんという経済雑誌に、従来の日本式経営からグローバルスタンダード経営の路線に変えるべきだ、との論文を発表しました。

「B／Sの左側、資産の部の中身を精査して、土地は子会社に赤字を出して売却しろ！」

「流動資産(在庫・売掛金)を縮小せよ！」

「売上は追うな、人を削れ！」

「銀行に借入を返し、無借金経営を目指せ！」

と、その時代の経営者が行なっている行動をすべて否定したのです。

昭和57年から平成3年は、世の中で株式、土地の価格が上がり、まさに踊り狂っていたバブルの時代でした。そのバブル期の10年前、昭和48年秋には、第一次石油ショックが起きました。鉄鋼・造船・繊維・ゼネコン・木材など、資産が多く重いビジネスが不況に陥り、原材料、製品が売れず、発行した手形が落ちず倒産していきました。先年に起こったことの反省も知恵も無かったのです。

私が経営コンサルタントとして最初に学んだことは、「収益性」の追求です。収益性を表す指標は、**経常利益÷総資産**で導き出せます。

この指標は、「なんぼの元手でいくら儲けたか」、つまり「元手の利回りはいくらか」ということを表しています。一見簡単そうですが、今も私にとっては奥が深い指標です。

昨今、経済界で、外国の物いう株主の出現により、日本の資本効率が悪すぎるとクレームをつけられています。

日本の会社のＲＯＥ（自己資本利益率）、ＲＯＡ（投下資産利益率）が低いのです。

特に上場会社では、持ち合い株所有（お付き合いの株）の投資効率のリターンが少なく、「１０％もないではないか！」との声も上がるほどです。

外国の投資家は１０％～２０％の高配当を経営者に要求する時代です。生ぬるい環境で経営する日本的経営は、海外から責めを負う時代なのです。

いかに少ない資産でもって大きなリターンを上げられるのかが経営者の力量です。資産をもたないアセットライト、アセットゼロなどと新しいフレーズが叫ばれる時代になってきました。

経営コンサルタントとして、30歳で田辺昇一氏の門下生としてスタートを切って50年、西に東に、また海外にと休みなく365日走り回って、自分で筆をとった出版物としては15冊、そして、それをまとめて経営革新全集10巻として上梓《じょうし》することが出来ました。

書くことが苦手だった私が、書籍を出した時、吉田松陰が残した「未見《みけん》の我《われ》」という言葉が思い浮かびました。この言葉の通り、難しい大問題に逃げることなく挑戦すれば、自分でもわからなかった能力が生まれてくることがあるのです。若い方もどうか、苦手意識をもたず挑戦してください。

私の仕事は、綺麗《きれい》ごとではなく、会社内で発生する多重債務、労働争議、商品不足、販売不振、得意先倒産、役員間争議と、毎日毎日、胃の痛くなることばかりでした。

しかし意外にも、平穏《へいおん》な状態よりこんな場面に飛び込むのが好きだったのかもしれません。

編集者は、「井上先生は実際の事例を本当にたくさんおもちで感心します」と言われるのですが、現地・現場・現品を実際に手に取ってみないといられない性格でした。

多くの経営者が失敗される事例をたくさん見てきて、このまま会社を倒産させてはいけないとの思いが強かったのでしょう。ここに書いたことは自説よりも、失敗を見てきて私が自説にしただけです。

「難しいことを解りやすく書く。優しいことを難しく書いてはならない」

難解な横文字や漢字は使わず、誰にでもわかる文章を書くことに努めました。

会社経営は難しそうですが、決してそうではありません。この一冊をよく理解して実行していただければ、繁栄の道が約束されています。

令和六年十月吉日

アイ・シー・オーコンサルティング 会長

井上和弘

2 財務戦略

3 経営者のあり方

4 マーケティング

5 商品戦略

6　人と組織

7 高回転経営

8 事業承継と後継者育成

装丁　尾崎あすか

1　井上式経営指針

［1―1］企業経営の本質

経営は環境適応業である。

いつまでも順風満帆《じゅんぷうまんぱん》に続く企業経営などありえません。どんなに優れたビジネスモデルでもモデルチェンジしなければ、必ず衰退の時期を迎えます。なぜなら、企業を取り巻く環境はめまぐるしく変化するからです。短期的には季節変動、中期的には景気変動や消費者の生活様式の変化、そして２０～３０年の間隔で企業のあり方を根本から覆《くつがえ》すような構造変化が訪れます。小手先の方法では対処しようがありません。

先人がやってきた売りもの、売り先、売り方、やり方をただ守っているだけでは企業が将来も確実に存続していく保証はありません。環境が変われば、これまでのビジネスモデルも果敢に変えていかなければならないのです。

いかなる経営環境の激変にもびくともしない会社体質、特に強固な財務体質をつくりあげることが大切です。

「後継者の鉄則」より

［1―2］まさかの坂

経営者の歩く道は平たんな道ではなく、登り坂、下り坂、まさかの坂が待っている。

ここ60年間の経済を見ていると、10年ごと、いや5年ごとに大事件が発生し、数年すれば忘れられて、なんの教訓や反省も得ないまま時は過ぎ去っています。しかし、ふりかえって直視してみると事件の発生ごとに多くの企業が倒産しました。弱い企業が消え去り、生き残った企業が強くなりました。

これから歩む経営者にとって、今後も思いもよらない災いが自分たちの会社にふりかかってくることは避けられません。であれば、経営者はいかなる災いにおいても生き残り、強い会社をつくろうという信念をもたなくてはいけません。

予想もつかない不況に業界全体が落ち込んだ時、復元力を備えていればピンチは大いなるチャンスになります。まさかの坂がくると考え、企業体力指数※を高めることがまさかの坂の対応力になるのです。

「社長の財務戦略」より

※企業体力指数についての詳細は52ページをご確認ください。

［1―3］二枚腰経営

「どんな状況でも増益できる」二枚腰経営を目指せ。

私は不況期でもびくともしない「腰《こし》」が強い企業づくりを目指して経営指導を続けてきました。その話が広まり、日本経営合理化協会の牟田學《むたがく》会長から、私の経営指導方針を「井上式二枚腰経営」と名付けていただきました。

二枚腰経営は次の6つの要素から成り立ちます。

①総資産をむやみに増やすな。自己資本比率を高め、回転主義でゆく

②販売力よりも商品力を磨け

③不況期に克《か》て

④企業は中堅社員がカギを握る。社員の平均年齢を若く保て

⑤経営環境のよいところへ企業を置け

⑥常に経営を革新せよ

これら6つを愚直《ぐちょく》に実践することで、不況になっても赤字を出さない足腰の強い会社になるのです。

「儲かるようにすべてを変える」より

［1―4］利益実現の五大原則

利益実現は五角形でとらえることができる。

利益を上げる方法は次の5つしかありません。

①売価を上げる、つまり「**平均単価を上げる**」

②売価が変わらなければ、「**販売数量を増やす**」

③原価を下げる、または売り物を変え付加価値を上げて「**粗利益を増やす**」

④販売するためにかかる「**経費を下げる**」

⑤会社の資産を少なく抑えて「**カネ回りのスピードを上げる**」

もしこれらを同時に同じ重点をかけて進めることができれば、会社はアッという間に高収益体制に変わります。ところが、それはあまりに理想論というものでしょう。現実にはそれぞれの会社を取り巻く環境や商品特性によって、これら5つの原則の中からどれかを選んで利益増を狙うことになるわけです。私は、5つの原則を次ページの図のように五角形で表しています。

利益実現の５原則

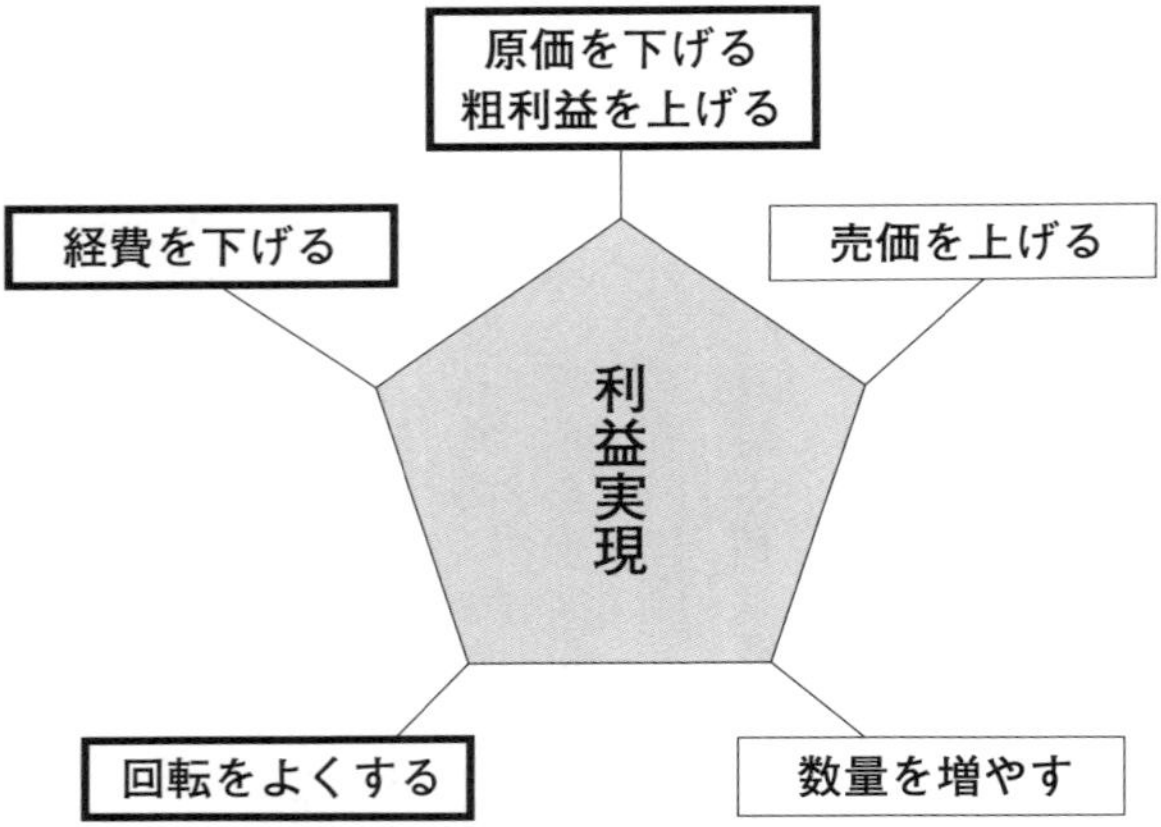

５大原則のうち**太枠**の３つの実現がいまもっとも求められている

	デフレ期		インフレ期
商品のライフスタイル	成　熟　期	←→	成　長　期
環　　　境	不　　　況	←→	好　　　況
ポジション	買い手市場	←→	売り手市場
商　　　品	最寄り品	←→	買い回り品
販　　　売	見込み販売	←→	受注販売
利益重視の考え方	売上高－利益＝経費 コストダウン利益獲得型		経費＋利益＝売上高 付加価値上乗せ型
	なりゆき型［売上高－経費＝利益］		

例えば、下請け型や受注企業は、売価を自社で決めにくいため、どうしても「コストダウン」志向となります。一方、売り手市場や企画重視の見込み型では「売上拡大」志向となります。

また、取り扱い商品の中には成熟期の商品もあれば、これから大いに伸びる成長期や導入期の商品もあります。世の中が好況か不況かによっても重点の置き所が変わります。

成長商品があり、好況期の会社は「付加価値をつけ売価をいかに上げるか」が利益実現のテーマになる一方で、成熟商品を抱えている会社や、不況期に利益増大を狙う会社には「コストダウン」と「回転」が重点になります。

大事なことは、これから利益を伸ばしていくためには、自社の商品特性、置かれている環境からどれを重点にすべきか「わかって対応」することです。

「儲かるようにすべてを変える」より

［1―5］売上病にかかっていないか

「利益を増やすこと」と「売上を増やす」ことはまるで違う。

経営の目的は売上を伸ばすことではありません。利益を増やすことが目的です。利益を増やすには、「付加価値を高めて売価を上げる」「原価率を下げて粗利高をよくする」「販管費を抑えて営業利益高を上げる」の3通りの方法しかありません。

ところが、多くの社長は売上を追い求めてしまいます。売りたいという思いが先に立つと、まず品揃えを増やし、多品種になります。そのため在庫がふくらみ、粗利率は低下します。また、無理して売れば、回収が遅くなり受取手形も多くなり、不渡りのリスクも高まります。その上、各地に展開するとなれば販管費も増大し、キャッシュフローは悪化します。

売上が上がればカネ回りがよくなるというのは大いなる勘違いです。売上至上主義に陥ると、利益実現が遠のいてしまうのです。

「カネ回りのよい経営」より

［1―6］減収増益

これからの時代の儲かる経営は減収でも増益にする経営体質でなければならない。

私にいわせれば「増収増益」も「減収減益」も自分の経営力よりも他力頼みという点では同じことです。世の中が好況になれば、よほど下手な経営をしない限り「増収増益」が基調になり、不況になれば「減収減益」が基調になります。要するに、自らの経営手腕ではなくて、景気の良し悪し次第、という他力頼みの成り行き経営はしてはいけないのです。

これからの時代の儲かる経営は、「増収増益」に酔うことなく、世の中が「減収減益」のときにでも社長の手腕を発揮して「増益」できる経営でなければなりません。そのためにはヒト・モノ・カネの経営資源の使い方を「回転」という視点から徹底して見直し、ぜい肉という名のムダな資源・資産をそぎ落とし、いつまでもスリムな経営体質でいなければならないのです。

「減収増益」を実現できる経営が素晴らしく、褒められることなのです。

「稼ぐ商品・サービスづくり」より

［1―7］儲かる経営を実現する3要素

儲かる経営を実現するには、体質・体温・気温の３つが大切。

儲かる経営を実現するには「体質・体温・気温」の３つが大切です。

「体質」とは、財務の体質です。多くの経営者は「資産が多ければ多いほど立派な会社」と考えがちですが、誤解です。一刻も早く自社を「筋肉の引き締まった強い財務体質、収益体質」に改善することが求められます。

次に「体温」はひとの問題です。会社が大きくなればなるほど、トップと社員の考え方の差、つまり体温差が開きます。この差を埋めるには、財務諸表には表れない「ひと」という資産の再編成が急務です。従業員数が多ければよいという考えをあらため、少数精鋭で戦う組織の引き締めが求められます。

最後の「気温」とは、企業を取り巻く環境のことです。デフレとインフレ、好況か不況かでは、打つべき施策が異なります。外部環境の変化に対応できないと儲かる経営は実現できません。

「儲かるようにすべてを変える」より

［1―8］利益増大の積極策

たたむ・削る・変える。

業種、規模、地域を問わず、どんな会社でも通用するこれからのキーワードは、儲からないモノを「たたむ」「削る」。儲かるように「変える」の3つです。

社長の多くは、たたむ・削るということを敗戦処理のように受け取ってしまい実行に後ろ向きです。しかし、私はこうした考え方こそ、時代錯誤と言いたいのです。たたむ・削るは、決して後ろ向きの策などではなく、利益増大の積極策であると認識すべきなのです。

多くの社長は利益を出さない資産を多く抱え込んでいることに気づいていません。総資産を吟味して、たたむ・削る・変えるのです。

この3つのキーワードは、時代を問わず経営の原則といえます。デフレだから、不況だからではありません。会社を常に健康な状態に保とうとすれば永遠に「たたむ」「削る」「変える」を繰り返していかなければならないのです。

「儲かるようにすべてを変える」より

［1―9］ コストダウン

コストダウンは永遠の経営課題。

「どの会社も既に価格交渉くらい行なっている」と言うのは評論家や無責任なサラリーマンくらいです。もし実際に交渉しても原価が下がっていないとすればやり方が甘い、踏み込みが足りないと断言できます。

私はコストダウンに聖域はないと指導しています。仕入れ価格を下げるための原則は業者をすべて変えることです。少なくとも今まで取引のなかった会社からも見積もりを取り直しましょう。

ある会社で仕入れ業者を入れ換えたところ、幹部がみんな手を叩いて喜んだことがありました。なぜなら、今までの仕入れ先はすべて社長の友人だったため値段は高く、態度はでかく、それでいて納期はいい加減。「なんでこんなに安くなったのだ」と社長も驚くほどでした。一厘もの小さい単位の微差まで追求する姿勢を保つことが大きなコストダウンにつながるのです。

「儲かるようにすべてを変える」より

〔1—10〕持たざる経営

資産を所有するなど愚の骨頂。持たざる経営がこれからは正しい。

経営をするために、土地や建物などの固定資産を自社で所有する必要はありません。所有したほうが経営が安定するというのは錯覚、というのが私の年来からの主張です。

どうして、環境が様変わりした今になってもなお、固定資産を持ちたがるのか、不思議で仕方ありません。そもそも経営をする上で、土地や建物、機械設備などは必要であっても、所有しなければならないものは何ひとつありません。借りるほうが賢明です。

これからの経営でとくに重要なことは、「いかに少ない資産で大きな利益を上げられるか」です。それが経営手腕の評価基準でなければならないと私は心から思っています。

「儲かるようにすべてを変える」より

［1—11］経営はバランスである

経営の妙はバランスにあり。

経営の妙はバランスにあります。商品力だけとか、営業力だけとか、ひとつの分野が突出しても上手くいきません。自転車の前輪がいくら大きくても、後輪が小さければ、速く安定して走れないのと同じ理屈です。

経営環境が急変したいま、今日の強みは明日の弱みにもなりかねません。常に経営の各部門に目を配り、抜かりない観察と読みが求められます。

バランス思考をもつには広い視野も必要です。会社の現状から一歩離れて、自社の全体像を眺める余裕が欲しいのです。それでも自分だけの考えでは限界があります。幹部の中で率直にものを言ってくれる人間を見つけるか、外部の専門家の意見に謙虚に耳に傾ける努力を絶えずしなければならないのです。

「儲かるようにすべてを変える」より

［1―12］カネなくして、人、モノなりがたし

経営は「カネ」が中心。

世の中では、「企業は人なり」とか「経営で大切なものは人材だ」などとよく言われています。「人中心の経営」は言わずもがな、当たり前のことです。

これまでも、これからも収益を上げ続けるには、時代の変化に合わせて絶えず自社の「売りモノ」を魅力あるものにし続けなければなりません。それには、他社との差別化のための最新鋭の設備投資や長期の研究開発に堪えうるだけのおカネが必要です。加えて、いまは人手不足の時代です。社長がいくら想いや事業の社会的価値を訴えたところで、安月給では人は集まりません。何を言おうと魅力的な給与に敵うものはないのです。

「経営はカネが中心」。これが私の50年にわたるコンサルタント生活で導き出された結論です。おカネがなければ、何もできないのです。

「社長の財務戦略」より

2 財務戦略

インフレであろうと、デフレであろうと、収益性の経営指標は総資産経常利益率です。

高収益を実現する上で最重要視しなければならない指標は、ＲＯＡ《アールオーエー》（総資産経常利益率）です。これまでに起きた、さまざまなまさかの坂を乗り越え、さらに強くなった会社は、総じてＲＯＡが高い会社でした。

ＲＯＡの公式は、経常利益÷総資産（本）と非常に単純ですが、この公式は奥が深く、多くの経営者が収益性を求めているにも関わらず、意外にこの公式が頭の中から欠如《けつじょ》しています。

ほとんどの経営者は損益計算書の売上や経常利益を求めて努力しているのですが、それだけではなく、自社の所有する総資産の中身（貸借対照表の資産）を吟味《ぎんみ》して、これらを有効活用し、いかに効率よく活用していくかなのです。

収益の実現は利益率と回転率にあることが理解できないと、稼ぐ経営者にはなりえません。

「カネ回りのよい経営」より

［2―2］企業体力指数

企業の強さを示す企業体力指数は300が合格点。

私は「強い会社とは、商売をすればするほどキャッシュが残っていく会社」と考えています。このことを数値的にとらえたのが、「企業体力指数」です。企業体力があるかどうかは、収益性（よく儲けている）と安定性（その儲けが蓄《たくわ》えられている）の2つの要素のかけ算から導き出せます。

企業体力指数＝総資産利益率×自己資本比率
（体力）　　　（収益性）　　（安定性）

私は、総資産利益率10％以上、自己資本比率が30％以上を健康体とみなし、企業体力指数は300以上を合格ライン、420以上を目標ライン、1000以上で超優良企業であると設定しています。もちろん、総資産利益率が8％なら、自己資本比率38％でもよいのです。この指数が300に達しなければ、それは経営体質のどこかに問題を抱えているということです。

「カネ回りのよい経営」より

[2―3] バランスシートは会社の映し鏡

バランスシートには企業の性格、性質、トップの好みまで反映されている。

私はB／S《バランスシート》(貸借対照表)を見ただけで、その会社のトップの性格、体格、好み、年齢までも言い当てられます。なぜなら、B／Sには否応《いやおう》なしに、社長が過去にどのような考え方で経営をしてきたか、何を一番大切にして事業を経営してきたか、ハッキリと反映されてしまうからです。

ところが、世の中の9割の社長は「今期いくら儲かったか」「利益率は」と目先のことばかり気にして、P／L(損益計算書)には高い関心を示しますが、その割にB／Sには関心がなく、読む能力が欠如しています。

それはまったくの見当違いです。なぜなら、この1年間の業績を示したP／Lよりも、創業以来これまで蓄積《ちくせき》されてきた資産、つまり企業の体力・体型が読み取れるB／Sにこそ、経営者として打つべき手の具体的なヒントが隠されているからです。

「カネ回りのよい経営」より

［2—4］井上式面積グラフ

面積図でバランスシートを理解せよ。

前項で「B／S《バランスシート》に明るくなっていただきたい」と話しましたが、かくいう私もB／Sには苦戦していました。

駆け出しのころは、指導先でアドバイスを求められても、「借入金が多いですね。早く返しましょうね」と、「言われなくてもわかっているわ」と笑われるような答えしか返せませんでした。これでは、プロとして失格です。

数字に弱い私のような人間でも、どうしたら一目でB／Sの問題点を読み取れるのか、試行錯誤を繰り返しました。その末に生まれたのが「B／Sの面積グラフ化」なのです。

面積グラフとは、

・無味乾燥な数字の羅列を各項目ごとに面積に換算して、

・B／Sに占める各項目の面積図を面積グラフにし、

・数字が苦手な人でも、B／Sの各項目の比重を一目で捉えられるようにした図形グラフです。

B／Sの各項目を数字ではなく「面積」で図示してみると、その企業の収益性、安定性、回転率が一目でわかるだけでなく、その社長の考え方や当面の対応策、長期にわたる改善目標が見えてきます。

B／S面積グラフは「数字に弱い」人でも「数字を速読できる」秘密兵器なのです。

「カネ回りのよい経営」より

井上式面積グラフ作成事例

※面積グラフの具体的なつくり方を解説した特別原稿を希望者にプレゼントします。ご興味のある方は259ページの専用サイトURLをご参照ください。

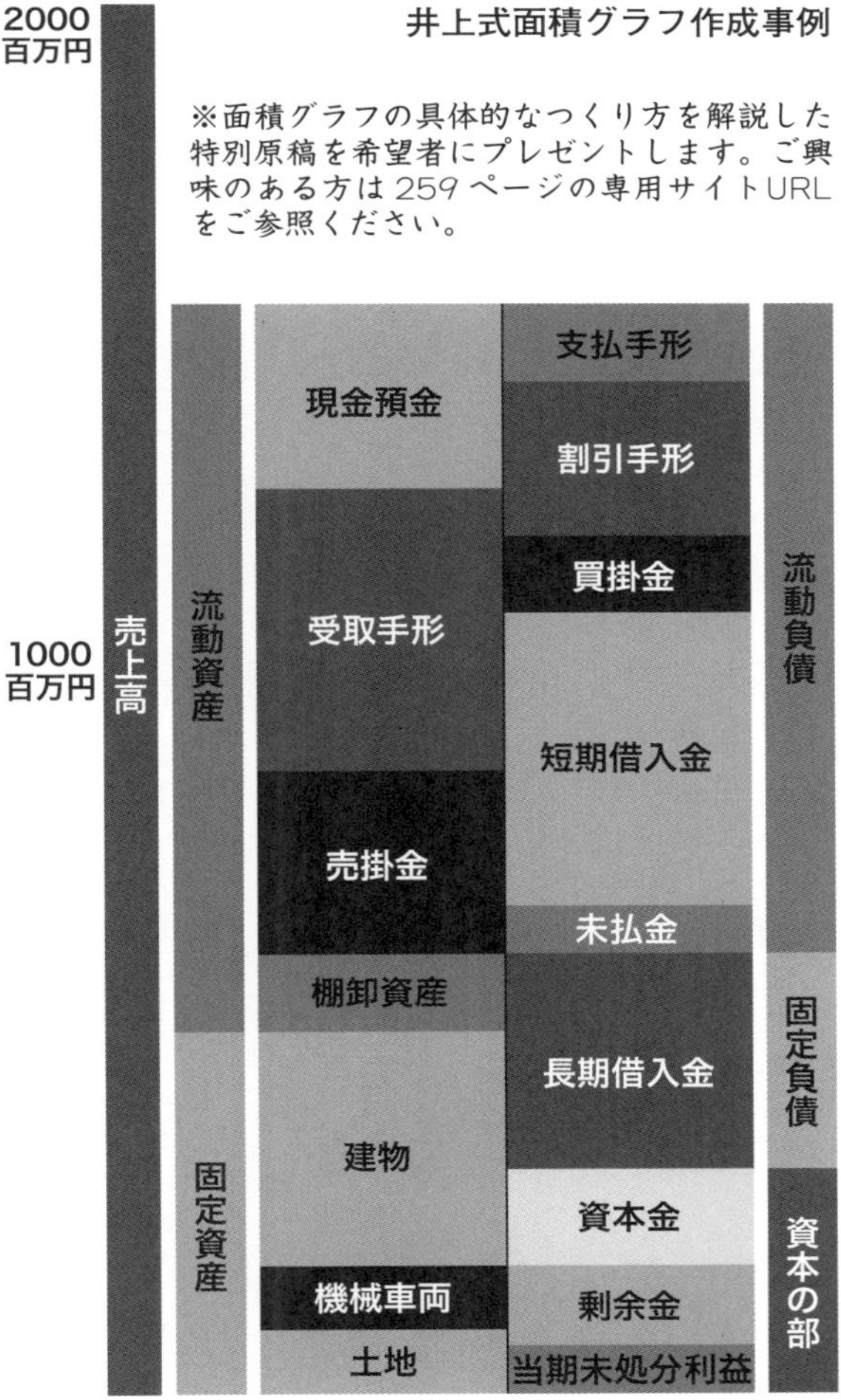

［2―5］銀行対策の視点

金融機関が貸したくなるようなバランスシートをつくれ。

「ふだんから借りていなければ、いざという時に銀行は貸してくれない」と、借りられるだけ借りることを推奨《すいしょう》するコンサルタントの話を真に受ける社長がいらっしゃいますが、大間違いです。

貸しはがしにあう会社は決まってスコアリングが悪い会社であり、取引の有無《うむ》は関係ありません。一方で、財務がしっかりしていて返済能力がある会社には、担保も個人保証もなしで、びっくりするような金利率の条件で銀行は寄ってきてくれるのです。

銀行は企業のB／S《バランスシート》、P／Lの数値を本社のコンピュータに入力して、点数評価をします（スコアリング）。出てきた評価点数を見て貸し出すか、断るかの判断をします。今日の銀行は、支店長ら行員の判断ではありません。

「カネ回りのよい経営」より

［2—6］オフバランスの実行

貸借対照表の左側の資産項目を削り、キャッシュフロー（使えるお金）を生み出せ。

私は指導先に「オフバランス」を実行せよと言い続けています。ここでのオフバランスとは、B／S《バランスシート》の資産を少なくせよということです。

多くの会社は、この資産の中に売れない不良在庫や回収できていない売掛金、高い時に買ってしまった土地や機械設備など含み損を抱えています。これらをすべて処分、子会社や関連会社に売却することで太った会社の体型をスリム化するのです。売却損が出たら特別損失として計上しますが、場合によっては税前利益が赤字になることがあります。するとその分、納税額が減り、予定納税として払った前納分も戻ってきます。さらに売却代金(現金)も入るのでキャッシュフローが格段によくなります。

税前利益が出ている時に不良資産を処分して特別損失を計上して節税する。このような高度な経営判断を行なうのも、また社長の仕事なのです。

「カネ回りのよい経営」より

【2―7】土地に対する考え方

土地は利用すれど、所有せず。

中小企業の経営者の中には、「広い土地をもちたい」「立派な工場、店をもちたい」と思われている方が多いのですが、私には不思議で仕方ありません。

私はこれまでに、土地などの不動産がらみで問題を抱えて苦しんでいる経営者をたくさん知っているだけに、自分の実力を顧《かえり》みずに全額銀行から借金してまで土地をもつ経営は賛成できません。土地は減価償却ができないので、返済資金は税引後純利益でまかなわなければならず、非常に危険なのです。

現在は、貸地、貸工場もその気になればいくらでも見つかります。最近では、郊外で農家などから土地を借りて、しかも借主の信用で建物を建てていただくというリースバック方式にするという賢い方法を実践している経営者もいらっしゃいます。土地は、あくまで利用するもの。多額の借金をしてまで所有するものではないのです。

「企業は腰できまる」より

［2―8］長期借入の目安

新規の大型投資を決断する前に、いつ借金完済になるかを考えるべきである。

私の経営アドバイスの基本は「借金をするな」です。

しかし現実問題として、ホテルや病院、メーカーなどは、自己資金ですべてまかなえないほどの巨額な投資が必要になる時が訪れます。この場合、金融機関から長期借入を行なうことになります。その際、現在の有利子負債がこのままの返済ペースで何年でゼロになるか知らなければなりません。

現在の長期借入金を4、5年で完済できるような会社が、設備の再投資に借金をすることは何ら問題がないといえます。ところが、返済に10年以上かかるような会社が、新たに借金をするとなると事は重大です。慎重の上にも慎重な経営判断が求められます。

銀行が考える借入金償還年数は、有利子負債÷キャッシュフロー（営業利益や減価償却額）なのです。

「後継者の鉄則」より

［2—9］賢い償却のやり方

最新鋭設備を揃えるが、固定資産が膨《ふく》らまないように、償却を早めるためのあらゆる対策をとれ。

メーカーは生産設備をもたなければならないので、固定資産が膨《ふく》らみがちです。だからこそメーカー経営者は、中古の償却《しょうきゃく》の終わった機械を工夫して新しい生産工程を組むか、そうでなければ最新鋭の機械を入れながら、償却《しょうきゃく》を早くして常に身軽にしなければなりません。

私の指導先のD製紙では、機械を2～3年で新品に更新し、常に最新鋭の設備で生産し、安定した業績を上げています。D製紙は固定資産の膨張対策に2～3年で入れ換えた機械を中古で売却(新しいから高値がつくのです)、最新鋭の機械もリースバック方式を検討し、できないものは制度融資の特典や即時償却を目いっぱい使って、傍目《はため》からは強引と思えるほどに償却《しょうきゃく》期間を早めています。そのため同社のB／S《バランスシート》上では、最新鋭機械設備の額は償却《しょうきゃく》寸前の中古機械かと思うほど少ないのです。

「企業は腰できまる」より

［2―10］借入の原理原則

倒産するのは借金があるからではなく、借入の仕方の原理原則を守らないからである。

経営者にとって資金調達は、重要な仕事です。

資金調達には「運転資金」「設備資金」「投資資金」の3種類のやり方があり、それぞれとるべき対策が異なります。このやり方を誤ると企業は最悪の場合、倒産に追い込まれます。

「運転資金」は、短期借入金でまかないますが、そもそも現金決済や30日以内の回収を徹底していれば、在庫資金だけで済むことになります。買掛金を長くしたり、未払金や支払手形を発行していれば、少しの運転資金で済むか、もしくは運転資金がいらなくなるのです。この理屈を十分に考えていただきたいのです。

その上で運転資金を調達する際は、すぐ借入金でまかなうのではなく、前受金でもらえないか、売掛金・手形の回収サイトを短縮できないかを考える。

そして、売れない・動かない在庫を減らせば、短期借入金などは生じないのです。

「設備資金」は、長期の借入で調達しなければなりません。多額の設備資金は運転資金と異なり、購入する時は高いが、換金する時は価値が下がり、そう簡単に現金にもならず税法における償却期間も長い。だから、金利が安いなどといって、決して短期借入金でまかなってはならないのです。

そして、長期借入金の返済能力は、実際に使えるキャッシュの半分以下にとどめたいところです。もし年間の減価償却の額が長期借入元金返済とほぼ同額であれば申し分ないのですが、そのような理想的な設備投資は難しいのが現実です。10年以上の返済期間でないと、たんまり儲かる企業以外は苦しくなります。

そして、「投資資金」ですが、私は企業が投資することは企業防衛のひとつの方法であり、投資による資金調達は悪だとは考えていません。

世の中デフレの時もあればインフレの時もあるから、それぞれの景況に合わせて有利なものに資産をシフトさせることは当然の防衛策です。

投資資金はあくまで自己資本の範囲内でまかなうことが鉄則です。

現預金が余っている会社が行なうのはまだしも、自己資本が3割にも達していない会社が身の程を知らずに、いくら借入金の利率が低いといっても、借金してまで投資を行なうのは、危険極まりないことです。

「カネ回りのよい経営」より

［2—11］銀行サマサマ病

銀行も仕入れ業者の一社と考えよ。

私は「銀行サマサマ病」にかかり、言われるがままに借入をしてしまった社長や、昔からの付き合いがあるからとメインバンク一行にこだわり、高い金利を払っている社長をたくさん見てきました。

銀行の実質はおカネの納入業者にすぎません。材料の仕入れなどは複数業者から見積もりをとっているのと同じように、どうして資金調達を行なうときも複数の銀行から条件を比較し、自社にとって一番有利な条件を引き出そうとしないのでしょうか。また、「私はM銀行の支店長と親しい関係にある」と安心している社長がいらっしゃいます。銀行が「情」に絡《から》むことはありえません。ひとたび会社の業績が傾けば、すぐ手のひらを返します。まして支店長は長くても2年で交代します。どうか、銀行は仕入れ先のひとつとドライに割り切り、自社の成長に合わせて付き合う銀行を選んでください。

「社長の財務戦略」より

［2―12］良い赤字・悪い赤字

赤字には良い赤字と悪い赤字がある。

２期も３期も続く赤字は問題ですが、特別損失を計上して、税引前利益を赤字にすることは、何ら悪いことではありません。だから私は「含み損が出るなら経営意図をもって赤字を出しなさい」とすすめています。

赤字になると、銀行や国の経営審査の評価に響くとおっしゃる社長もいますが、その会社の収益性があるかないかをチェックするのは、あくまで営業利益や経常利益であって、税引前利益ではありません。

したがって、営業利益や経常利益の段階で黒字であれば、特別損失を出して税引前利益の段階で赤字になったとしても、銀行の信用度も経営審査の点数も下がることはないのです。不良資産を吐き出してみてください。銀行に相談してみてください。上席の銀行幹部なら賛成してくれます。

「会社の病に効くクスリ」より

［2―13］資産と財産は別物

資産と財産を混同しない。

「財産」と「資産」はまったく意味が異なります。

「財産」とは個人が蓄《たくわ》え、実所有している現預金・有価証券・不動産のことを指し、この言葉は個人に対して使うべきと私は考えています。一方「資産」は、企業が利益を上げるためにその手段としてもっているものです。工場や店舗といった商売上必要な固定資産や、商品在庫、売掛金などが資産に当てはまります。

私は、個人の財産は多い方がいいと思いますが、企業の資産は多いか少ないかではなく、儲けるための手段であればよく、それらの資産を使っていくら稼いだか、いくらリターンがあるかに意味があると考えています。

つまり企業経営にとって肝心なことは、ＲＯＡ《アールオーエー》、つまり総資産でどれだけ利益を出しているかであり、総資産の多い少ないではないということです。

銀行も資産の有無で融資を判断するわけではありません。資産を担保にして金を借りる時代は終わりました。

「カネ回りのよい経営」より

［2―14］社長には財務知識が必須

自社の財務を経理や税理士に任せっぱなしで済むものでは断じてない。

経理業務と財務業務はまったく異なる仕事です。経理はP／LやB／S《バランスシート》を作成することが仕事である一方、財務は会社全体の資産の増減に目を配り、資産内容の充実をはかることが仕事です。時には運転資金や投資資金の調達を金融機関と交渉し、有利な条件で借りてくることも求められます。

したがって、「おカネを扱うから経理だ」と、財務の仕事を財務知識のない経理マンに安易に任せてはいけないのです。

中小企業では、社長が会社全体のおカネの流れをシッカリつかんで運用できる「財務のプロ」にならなければいけません。そのためには、資金の使い道を示すB／Sがわからないと、会社に埋もれたおカネが発掘できません。

社長の仕事は財務です。嫌がらず、自社のB／Sを研究してください。倒産の多くは、社長が財務がわからず借金過多になったのが原因です。

「カネ回りのよい経営」より

［2―15］脱税は絶対にしてはならない

節税はすべきだが、脱税は絶対にしてはならない。

言うまでもありませんが、脱税は絶対にしてはいけません。とはいえ、バカがつくほど正直に処理するのもどうかと思います。ましてや、赤字なのに無理やり粉飾して税金を払うというのは狂気のさたです。

私はブラック（脱税）とホワイト（節税）の間にグレーの部分があると考えています。

世の中の会計士・税理士さんは税法どおりきちっと処理をするだけで、社長の側に立ってくれることは少ないのが現状です。だからこそ経営者は、税務当局がホワイトと認めないグレーの部分にある事項もホワイトの部分にしっかり入れられるだけの減価償却や、法人税の知識の裏技を含めて、エビデンス（証拠書類）をしっかり押さえてほしいのです。

「カネ回りのよい経営」より

3　経営者のあり方

［3―1］社長とは何をする人か

社長は「見抜く」仕事と「満たす」仕事を同時に進める人である。

社長は事業を経営する人でなければなりません。事業経営にはたった2つの要素があるだけです。ひとつは「見抜く」ことであり、もうひとつは「満たす」ことです。社長はこの2つを同時に進める人なのです。

「見抜く」とは、いまお客様が一番欲しがっているものを見抜くこと。言い換えると「いま売れて儲かるものは何か」を見抜くということです。見抜けなければ、ビジネスそのものが、始まりのところで成立しません。

「見抜く力」を鍛《きた》えるための方法は、常に自分を商売の現場に置くことです。机の上に儲けの有益な手がかりはありません。あらゆる商売は人と接しなければ成り立ちません。ですから「人嫌い」の人はビジネスに向かないですし、嗅覚《きゅうかく》も事業勘も養えません。人そのものの行動すべてに強い関心をもつことです。

大衆品なら街の中、お客のいる場所に足しげく通い、工業品なら製造現場です。売れている商品を実際に手にとり、そして売り場の担当者やお客と直接会話をする。マスコミの記事を見たりしただけでは、有望な情報は得られません。

世の中には、見抜いた事業アイデアが当たって、わずかの期間で3億、5億を売り上げることもあります。だからといって、そのまま順調に10億、50億と事業を伸ばし続けることはなかなかできることではありません。事業を大きく伸ばすには、社長のもうひとつの重要な仕事である「満たす」という要素が必要です。

「見抜く」ことは一人でできますが、「満たす」ことは一人ではできません。ここが社長の仕事として大事なところです。

「満たす」仕事とは、仕入れ、購買、製造、販売、配送、サービス、携わる人たちの人事・労務管理、売上管理、経理、必要となる資金の調達のことをいいます。

また広くは、仕入れ・購買あるいは製造に含まれますが、発注先・下請け先の整備・強化、また販売では、特約店や代理店などの販売ネット整備・強化も「満たす」仕事です。

「満たす」とは、全体がうまくいくように、各部門をつなげて利益を造出していくことです。これをひとことで言えば「経営」といいます。

そこで確認しておいていただきたいことは、社長は各部門の細部の業務知識に精通するよりも、先ずは「満たす」仕事という観点から、会社全体を見ることです。

「後継者の鉄則」より

［3―2］事業にかける執念を共有する

社長は集団のパワーを一点に集める人である。

社長は目的の異なる多くの人間をまとめ、人数以上の集団パワーにまで高める人でなければなりません。１００人のパワーを一点に集めて、３００人ものパワーに増大させていってこそ、プロ経営者といえるのです。

創業者の多くは、組織編成の専門家ではありません。それなのに、これまで何十年も社員をまとめられたのは、事業への思いを何らかの方法で社員と共有できたからです。人の集団を単なる「烏合《うごう》の衆」にしないために、トップとして、心に潜む事業への熱い思いを具体的な目標にして、「なぜやらなければならないか」をときに応じて、幹部や一般社員や下請け先にまで説き続けてきたからに他なりません。幹部や一般社員に「社長が考えていること」を共感させることができなかったら、多くの人たちの協力が前提の「満たす」仕事はうまくいかないのです。

「後継者の鉄則」より

［3—3］社長は人に会うのが仕事

どのようなビジネスでも社長はセールスマンでなければならない。

セールスマンは社長ではありませんが、すべての社長はセールスマンでなくてはなりません。社長とは販売のきっかけづくりをする人です。

人脈づたいにキーマンに会い、次にセールスマンが会えるキッカケをつくるのがトップ営業の本質です。したがって、社長の営業とは、口八丁手八丁《くちはっちょうてはっちょう》でものを売り込むセールスマンの営業であってはなりません。社長個人を売り、会社のお役立ちどころを説得し、後で自社のセールスマンがものを売り込むきっかけづくりをするのです。

言い換えれば、社長の営業はものを売らずに、社長の人間性を売るともいえます。だからこそ、相手からまた会いたい、と思わせるような振る舞いや態度はどうあるべきか、社長自身の人間性という観点から徹底して見直さなければならないのです。

「後継者の鉄則」より

［3―4］企業経営者の責任

企業経営者として絶対に守るべきは「倒産させない」こと。決して「情」に走るな！

言うまでもなく、社長として絶対に守るべきは、「倒産させない」ことです。そのためには「経済合理性」を第一に置くべきであって、「社員にやさしい会社」などとセンチメンタルな感情やロマンを語るだけでは、会社は存続しえないのです。

情と理をごっちゃにしていては、企業存続はできません。

このことをご理解されない方は、よほど恵まれた道を今日まで、たまたま幸運にも歩んで来られた方なのです。「かわいそうだ！」「痛そうだ」の情緒性を先行させてはなりません。成功への道は常に厳しく、つらいものなのです。安易に気楽な道、キレイに舗装《ほそう》されている道を歩まれた先には、地獄の倒産が待っています、とご注意申し上げます。

「企業は腰できまる」より

［3—5］常に最悪の事態を想定せよ

社長たるものは、悲観的に考えて、楽観的に行動せよ。

私はいつも「ものごとを悲観的に見て、楽観的に対処せよ」と言ってきました。その核心を支えているのは、「いつまでも続く不況はないし、またいつまでも続く好景気もない。景気は常に循環している」という実体験に他なりません。

経営者として大切なことは景況が変化するときに、それまでの販売方針や政策をドラスティックに変えるということです。景気は必ず循環します。この循環がわかっていれば常に現在の景気情勢、業界事情、さらに自社が置かれた立場を冷静に判断することができます。

そして、今うまくいっているのは好環境だからであり、次に来る不況に、今なにを最重点とした経営を行なうべきか、見極めることこそ最善の道である、ということを認識してほしいのです。

「儲かるようにすべてを変える」より

［3―6］知行合一

知識だけあっても知行一致の行動なくしては、経営はやっていけない。

私が指導する経営塾で一番困る塾生は「それはムリです。わが社ではできません。われわれの業界では通用しません」と決めつける方です。「基本原理から大きく外れているなら、直すよう努力しなければ」と言っても、「原理原則を言われても…」と、できない理由を並べたてます。

なぜ、もっと基本的な経営の原理原則を学んで、それを実践しないのでしょうか。多くの経営者が「学んだ、知っている」という顔をしていますが、学んだことを実行、実践していないのが現実です。時間が掛かってもあきらめず、努力してみると道が開けるのです。

「知行合一」なくしては、経営はやってはいけません。ダイナミックに、時を失せず、手を打たない限り、待っているのは倒産です。

「後継者の鉄則」より

［3—7］情と理

ロマンだけでは、飯は食えない。

経営者たるもの「ロマン」をもてとよく言われます。成功経営者の多くは「ロマン」を掲《かか》げて歩んで来られたことは確かです。難事《なんじ》にもへこたれない並みはずれた行動力とエネルギーをもち、情熱家であり、まわりを圧倒し、「驚異」に値《あたい》するパワーをふりまく。しかし、倒産型の経営者にもこのタイプは多いのです。

「ロマン」は個人的な情の領域です。しかし、経営では一方でソロバンを弾《はじ》くという冷酷《れいこく》な「理」の領域が依然としてあることも忘れてはならないのです。素晴らしい芸術的能力を発揮して「熱い思い」を商品やサービスに注入し、一方で冷静に冷酷に計算し、マネジメントをし、継続的に運営するシステムを創《つく》り出す。「情」と「理」の両方がそろわないと事業はうまくいかないのです。

「後継者の鉄則」より

［3―8］数字で伝える

経営者は数値で語れ。

私は、経営者とは人並に以上に「損益計算」に優れた人種だと思っています。ところが「あなたは数字に強いですか」と問いかけて、すぐ返事できる社長は5％もいないのが現実です。

経営者は数字に強くなくてはなりません。この数字というのは、数値を記憶したり、早く計算できるといったものではありません。

経営者はその数値を見て、良い・悪い・普通と「質的な価値判断」ができる。また、数値を見て、多い・少ない・普通と「量的な価値判断」ができることが肝心なのです。

たとえば当月の売上高が自社にとって多いのか少ないのか、粗利率が良いのか悪いのか、経営数値の価値判断が正しくできる経営者になっていただきたいのです。

「儲かるようにすべてを変える」より

［3—9］時間の使い方

自分の高い時給に見合った仕事をせよ。

中小企業の社長の年収が2千万円とすれば、日給にして8万円、時給にして1万円となります。

ここで私が言いたいことは、自分の高い時間給と仕事の中身を自ら合わせろということです。社員には、高い給料を払っているのだから働け、稼げと号令をかけることは得意ですが、つい自分のことは棚に上げがちな社長がいます。このような社長の会社は大概《たいがい》業績が悪いものです。

アサヒビールを再建した村井氏と樋口氏は銀行出身です。銀行員の強みは財務や経理知識ではなく、得意先回りや現場訪問を苦にしない点だと思っています。次の新しい売りものを探し出し、カネを稼ぐことができるよう軌道に乗せるのが社長の仕事です。そのためには否応《いやおう》なしにもお客様の中に自分の身を置き、高い時給に見合った仕事をしているかです。

「稼ぐ商品・サービスづくり」より

［3—10］傾聴力

幹部の話を最後まで聞く辛抱を身につけよ。

社員とのコミュニケーションのとり方、特に社員からの報告を聞く態度において、中小企業の社長のほとんどは落第点です。すなわち部下の話を聞く態度、受ける態度がなっていないのです。

第一、話を最後まで聞かない。第二に相手は常に未熟で自分が正しいという姿勢を変えないことです。意に反するものであれば「俺の言うことを黙って聞け」と有無を言わせない。こうしたことが積み重なり、幹部が「もう何を言ってもムダ」と白《しら》けきってしまってはおしまいです。

今からでも遅くありません。幹部の言うことを黙って聞く、耳に痛いことを最後まで聞く、そして口をはさまない。言いたくてもその場で言わない。言うなら一週間後に、相手の言ったことに対して理解してもらえるように言う。こうした辛抱を身につけることが肝心です。

「儲かるようにすべてを変える」より

［3—11］安定志向に陥っていないか

安定志向の社長の心が会社を儲からなくさせる最大の要因。

経営者の仕事は「変える」ことです。時代の変化に合わせて稼ぎ方を変えなければならないのです。ところが、何とか現状を維持して「たたまず」「削らず」「変えないで」それで儲かるようにできないか、虫のいいことを考えている社長があまりにも多いのも事実です。

考えてみてください。いつまでも買い続けてくれる顧客や得意先がどこにいるでしょうか。永遠に売れる商品があるでしょうか。あるわけがないのです。

常に移り変わって不安定なこの世に、ありもしない「安定」を求める社長の心が、かえって会社の業績を不安定にしているのです。

常に会社を革新して、会社内を安定志向にさせないことが大切です。

「儲かるようにすべてを変える」より

［3―12］成功者の共通点

「人に尽くすことをいとわない」という人が事業に成功する。

　中小企業は「ヨソが嫌ってやりたくない仕事」をカバーすることで他社との差別化が図れます。ところが、「ヨソが嫌ってやりたくない仕事」は、自社でもやりたくない仕事です。誰もが嫌がる仕事を自社の社員に喜んでやってもらうためには、個人とか組織のエゴを取り去らなければなりません。そのためには、お客様から「有難《ありがた》い」と感謝される喜びを社員に感じさせなければならないのです。

　このとき社長自身に、利他・奉仕の精神、つまり何の見返りも期待せずに、社人に奉仕して感謝されることが自分の喜びと感じるような資質がないと、社内から個人や組織のエゴを追放して、全社員がお客様から感謝される仕事を最優先させるようにし向けることなどできないのです。

「儲かるようにすべてを変える」より

［3―13］公私混同はするな

社長が公私混同すると、社員のモラルとモラールが一気に下がる。

社長や役員の公私混同はすぐ下に伝わり、社員の不正につながることになります。給与の低い者に最前線で稼がせ、社長はいちばん奥の部屋でふんぞり返ってピンはねしているぐらいのことは、社員は心のどこかで思っています。

だから社長が公私混同をすると、社員のモラル（倫理観）とモラール（志気）が一気に下がるのです。

倒産する企業は、社員のモチベーションが低く、それぞれ自分勝手な企業風土になっています。そういう風土では、さまざまな不正がはびこり、正しい情報がトップに上がってこなくなるのです。その要因はすべて、トップの公私混同にあります。

「後継者の鉄則」より

4　マーケティング

［4—1］マーケティングの第一基本

環境適応、不満対処。
これがマーケティングの第一基本。

需要は「ほしい」、供給は「さしあげる」。これをバランスさせることが経営です。

「さしあげる」部分と「ほしい」という部分がピッタリとしない場合、顧客側にとっては不満になって現れてきます。言い換えると、不足の時代ではなく、不満の時代が今、到来しています。

カメレオンが皮膚の色をまわりに合わせて生きながらえるように、常に顧客のいだいている不満、客の欲する様を変え行く中で企業は生きていけるのです。

日本には1億数千万人の人口が存在しています。年代が進むにつれて、その時々に不平や不満や不便を感じる顧客は多くなっていきます。顧客の見えにくいニーズを発見して、新たな売りものを開発していくことが最重要です。

「先効果・後効率主義の経営」より

［4―2］ここでしか買えない

儲かる商売というものは、相手が現金をもって
飛んできて、頭を下げ、行列してまでも、
それが欲しいという商品をつくり、仕入れること。

世間には「売れない商品でも、こうしたら売れる」と、営業を教育するのに躍起《やっき》になっている企業や専門家が少なくありません。

ですが私は、売れない商品を売れるように努力するよりも、「売れない商品はつくらず、仕入れない」「売れる商品をつくり、仕入れる」、この努力を行なうことが本筋であり、賢明と考えています。

経営なり商売というのは、相手が現金をもって飛んできて、頭を下げ、行列してまでも、それが欲しいという商品をつくり、仕入れることです。

いくら販売に注力しても、肝心の商品が顧客のニーズにマッチしていなければ、ムダな努力に終わります。売れない商品は処分してしまうことです。仮に売れたとしても顧客をだますようなものです。

「後継者の鉄則」より

［4―3］お客様から支持を集める3要素

お客様から「有難《ありがた》い」「頼りになる」「さすが」と言われる「サービス」をもつことが重要。

これからの時代、お客様からの支持を集めるキーワードは「有難《ありがた》い」です。「有難い」にも色々な要素がありますが、「自分にできないこと、やりたくないことを代行してくれる」「あそこならやってくれる」と困ったときに頼りになるという場合は、おカネを払ってでも「有難い」と考えるものです。

お客様が他社ではなく、自社を選んでくれる、ヨソに浮気をしないものは何か。「有難い」という視点から自社の仕事を徹底して組み換えていただきたいものです。

世の中の大半の会社は「カンタンでないから、やれない。手がつかない」ですましています。文字どおり「有難い」存在の会社が意外と少ないのです。そこが儲かる会社とそうでない会社の違いです。中小企業は手離れの悪い売りモノを柱にするのも儲ける方法だと私は思うのですが。

「稼ぐ商品・サービスづくり」より

［4―4］「安ければ売れる」は大間違い

悪いモノはいくら安くても売れない。
しかし、良いモノは高くても売れる。

「良いモノを安く提供する」ことを商売の鉄則と考えている人は多いでしょう。しかし、このことが正しく機能するには、２つの前提条件が必要です。

１つは「安く売っても利益の出る仕組み」があることです。ところが、日本では低コストがなかなか実現できず、原材料の現地調達、流通の中抜きなど安くできる仕組みがないと長続きできません。

２つに「安くないと売れないのはコモディティ商品（大衆商品）に限った話」であるということです。逆にいえば、スペシャリティの分野であれば高くても売れるということです。

商売の原点として、お客様の利益を考えて、「良いモノを売る」姿勢は大切です。しかし、昨今の「安くしなければ売れない」かのような風潮に無批判に飛びついてはいけないのです。

「稼ぐ商品・サービスづくり」より

［4—5］付加価値を高める

「価格訴求」ではなく、「価値訴求」の経営の道を選択すべきだ。

これからの少子化社会は、「数を売る」時代ではなく、「質を売る」時代です。ところが、その努力を怠《おこた》る経営者がいらっしゃいます。また、「価格の安さ」を追求される経営者もいらっしゃいますが、それには反対です。

なぜなら、インフレが到来すれば、たちまち、たちゆかなくなるからです。

価値、品質、粗利益率を追求する会社は不況やインフレに強く、少々価格が上がったからといって客数は減りません。不況やインフレは常に繰り返し訪れます。その時、品質を求めるお客様は急に価格の安さには向かいません。

中小企業は量を追う商売をしてはいけません。量を追うのは大企業です。

我々の市場は限りなくニッチ市場です。よって品質訴求、価値訴求の企業体質にする努力を続け、そして「値上げ」をお客様にお願いするのです。

値上げにすんなり応じていただける会社になりたいものです。

「稼ぐ商品・サービスづくり」より

［4―6］ブランディング

価格維持力とはブランド力である。

価格をいかにわが社の思い通りに通せるか、わが社の希望価格をいかに崩さずに押し通せるか。これが経営として、儲かるか儲からないかの分岐点です。おのが欲する価格をいかに通せるか否《いな》かは、流通業者、消費者を含めて、その商品に商品力があるか、魅力があるか、という問題です。

価格維持力を保つという場合に大きな力を持つものにブランドがあります。ブランドは大衆品などの消費財に用いられますが、生産財としての素材にもいえるのです。ブランドなど考えたことのない業界でも一度、わが社の商品に固有なブランドがつけられないかどうか追求してみるべきです。

ブランド力で購入されているお客様は、目に見えない、口に表せない価値をみとめてくださっているのです。ブランドのつけられないような商品からはなるべく遠ざかるべきです。

「稼ぐ商品・サービスづくり」より

［4—7］これからの販売戦略

販売戦略はプッシュ戦術に頼るのではなく、プル戦術でいくべき。

最終消費者に直《じか》に営業をかける「プッシュ販売」は、人員的にも人件費的にも、これからは不可能になってきます。小売業もセルフサービスシステムで販売するようになり、直接アプローチする販売は今や過去のスタイルで、労働生産性が伴いません。

営業セールスをまったく置かずに、噂や評判のみで顧客の方から頼みにくる「プル販売」という方法があります。この場合、会社は販売活動をまったくしないのではなく、広告媒体としての見本市、セミナー開催、新聞、専門誌を活用します。営業部員の人的能力に頼らない方策です。

加えて今では、カタログ誌、チラシの効果も落ちており、リアル広告よりもSNS、ホームページでのデジタル広告による販売戦略を重視しなければなりません。これからはEC（エレクトロニック・コマース）の時代です。

「社長の財務戦略」より

［4—8］1つのネタで2度稼ぐ

重複・往復・連続で稼ぐ。

利益を稼ぎ出す仕組みとして、①重複、②往復、③連続を自社の商品・サービスに採《と》り入れるべきです。

「重複」とは、新聞記者の1つの原稿を朝刊に使い、それを週刊誌や月刊誌にも掲載するように、1つのネタで2度稼げということです。

タクシーが遠方までお客を運び、帰りも空車で帰らずにお客が乗るなら、倍稼ぐことができるのは誰でもわかります。この理屈を自社の売る仕組みに採り入れることが「往復」です。

最後の「連続」させて稼ぐというのは、別に新しい考え方ではありません。飲み屋のボトルキープ制や、ダスキンのように玄関マットをレンタルし、汚れたら取り替える方式や、オフィスの事務機械のように消耗品の補充などが代表例です。アフターメンテナンスサービスもそのひとつです。

「稼ぐ商品・サービスづくり」より

［4—9］利益を稼ぎ出す仕組み

セールス担当はモノを売るな。

営業部門は「ムダな押し込み販売」のためではなくて、「黙っていても売れていく商品づくり」のためにあると私は考えています。

営業とは、製造や仕入れ部門から回ってきた「商品という物」を売りさばく仕事ではありません。

お客様との接点でお客様の本音をとらえて、製造や仕入れにすぐさま伝え、お客様が先を争って買ってくれるような「売りもの開発」に結びつける仕事でなければなりません。

「物」ではなくて、「もの」を売るのが営業です。そのためには営業部門にとって、「押し込み販売」「ご用聞き販売」よりも、「お役立ち原点さがし」のほうがずっと重要なのです。

「稼ぐ商品・サービスづくり」より

［4―10］品切れは悪ではない

売り切れの美学、売れ残りの醜悪。

私の指導先にN社という食品スーパーがあります。私は、他の食品スーパーの経営者にN社を見学するようにアドバイスをしますが、ほとんどの方はこの会社のマネができません。

N社では朝の開店時、店頭の陳列ケースには他のスーパーのように多くの商品はなく、スカスカの状態です。例えば、鮮魚売り場であれば、氷の入ったバケツに魚市場からの魚がそのままつっこんであり、一匹売り状態です。その魚は昼の時間に間に合うよう、その日のお昼に必要な姿、刺身や寿司や弁当などに加工されていくのです。

昼の販売がひと段落すると、夕方の商品づくりに入ります。よって、昼商材はほとんどゼロになるのです。

「新鮮な商品」「残らない商品」、N社の生鮮食品は決してお客様を裏切らない新鮮な商品であることを、お客様も知っているのです。

パンやピザ、デザート、寿司もガラス越しで従業員が手づくりしており、専門店がそこにあるようで、売れ行きを見ながらつくっています。

なので、従業員は商品をすべて揃えるために、早朝から働く必要はないのです。売り切れるからお客様は商品のできる頃合いに詰めかけるのです。

一般のスーパーはいたずらに商品の豊富さを見せようとして、過剰な陳列をし、次の日やその次の日に多くの商品を売り残します。その廃棄は原価率を悪化させており、商品鮮度を下げる罪を行なっているのです。

「申し訳ありません。売り切れました。お早くお越しください」。なぜ、これが言えないのでしょうか。

大手スーパーや百貨店の飲食売り場には、「最後の来店者まで商品を選んでいただけるように陳列せよ」などと指示を出すアホな幹部社員がおり、欠品すればペナルティをとる会社もあります。

N社のように良い商品を提供しようとする商人態度が当たり前であるのに、なぜこれができないのでしょうか。不良在庫を残す行為はしてはならないのです。

「売り切れの美学、売れ残りの醜悪」

私が50年来、申し上げている言葉です。

「社長の財務戦略」より

［4―11］3仕経営のすすめ

仕《し》掛《か》ける・仕組む・しつづける。

これからの高収益会社づくりのキーワードは、「仕掛《しか》ける」「仕組《しく》む」「しつづける」です。

「仕掛ける」とは、自社の新しいお客様を生むために種を蒔《ま》く行動です。お客様のライフスタイルは常に変化し、飽《あ》くなきニーズをもちつづけます。それに柔軟に対応し、新たな顧客を生み出すためには、常にお客様のちょっとした変化の兆しを見逃さず、商品・サービスをスピーディに対応させていかねばなりません。

儲かる仕掛けをつくったら、それを「仕組み」として落とし込んでいくことが重要です。儲かる仕組みづくりで一番大切なことは、仕事のやり方、仕事の流し方を例外を許さず果断《かだん》に変えることです。それにはまずムダな仕事を止めねばなりません。そして、今やっている仕事を機械やコンピュータにできることはさせ、各部門の垣根をとっぱらい、「儲かる仕組み」にするのです。

そのためには、会社の主要部門ごとに、コストを下げる、財務コストを下げる、売り方を変える、つくり方を変えるという4つの大きなくりで、「それは自分の部門でどういうことを意味するか」「どうすれば変えられるか」、はっきり革新の切り口を示して、それぞれに新しい仕事のやり方、流し方を検討させることが大切です。

「儲かるような仕掛け」を打ち出し、「儲かるような仕組み」を整えても、「儲かるようにしつづける」ことができなければ、実際の利益にはつながりません。

「成功するまでやめないで続けることです」。この言葉は、ヒット商品をつくり出す開発のポイントは何ですかと、大塚製薬の戸部《とべ》副社長に質問したときの答えです。

私は、これまで50年、多くの経営者に直接かかわってきましたが、「執念《しゅうねん》のある人物」と仕事をしたときが、いちばん成果が大きかったように思います。

わが社の新たな収益源を創るために、「仕掛けて」「仕組み」、莫大《ばくだい》な資金を投入する。それをいったい何年で回収できるのか。もし順調に利益を出しても、正しく納税していけば、5年や10年はかかるものです。だからこそ、社長には「しつづける」ことができる執念が必要なのです。

「儲かるようにすべてを変える」より

［4―12］脱下請けを目指すことは本当に得策か

いたずらに脱下請けを目指すことは、
自社の強みを捨てて、
あえて競争力のない分野に
飛び込んでいくことにもなりかねない。

事業の形態は「見込み事業」と「受注事業」の２つに分類されますが、どちらかが優れているというわけではありません。それぞれの長所に学ぶところがあるのです。受注事業の典型である下請けも同様です。「下請けは良くない」と一律にとらえてしまうことは妄想《もうそう》にすぎません。

まずは、得意先の言いなりになっている体質をあらためる。技術やノウハウ、得意先との約束を守るといった基礎体力をしっかりつけ、この下請け、協力工場が存在しないと機能しない、と思わせる企業の強みを確立することが先決です。

親会社が行なうべき研究開発、前工程、後工程の一部まで自社に取り込んで、自社ノウハウを組み込めば、簡単には仕事がなくなることはありません。

脱下請けを考えるのは、その次の課題です。

「会社の病に効くクスリ」より

［4―13］業界の最新動向に敏感であれ

常にこぼれ陽《び》のあたるところに身をおけ。

私は「常に陽《ひ》のあたるところに身をおけ」と指導しています。すると決まって、「それはそうだが、どう見つけるのか？」と反論されます。

たとえば業界周辺を観察してみます。自社の商品をよく出荷されるもの、量の減ってきたもので分けてみると、売れて波に乗っている業界が見えてきます。それを見極めないで、現在の売上が多いからというだけで衰退していく業界に力を入れるのでは経営不在です。時代の流れの中で陽のあたり方が変わってくるのは仕方がないことです。だからといって、自社の主力商品に陽があたらなくなってきてもその場を動かないでいると、努力を重ねても得るものが減ってきます。

ただし、陽あたりが良すぎるところは、競争が激しいのも事実です。社長は、陽のあたる業界や商品に敏感になって、自社の陽あたりをどうすれば良くできるのか、関心をもっていてほしいのです。

「儲かるようにすべてを変える」より

5 商品戦略

［5—1］商品力を強化せよ

商品力強化が業績向上の第一歩。

業績が下向いている会社は共通して、取り扱い商品と企業自身の個性、特徴が喪失しつつあります。

この場合まず、最初にわが社の商品の特徴づくりの立て直しが最重要です。商品個性の立て直しから入っていくのです。

その個性はトップの考え方をはっきりさせて表現することにあります。社員のムードをその方向に集中させるのです。

マーケティング発想に思いを新たにし、これから打って出る商品づくりと、その商品が企業生命であることを全員に徹底させ、社員の力をそこに集中していくのです。

特徴づくりは「あれもこれも」ではなく、「あれかこれ」しかないということで、商品構成の見直しから突破口を開くのです。

「儲かるようにすべてを変える」より

［5―2］商品数が多ければ儲かるとは限らない

どの業種・業態の会社でも収益力を急回復させるためにまずやるべきことは「商品アイテムの絞り込み」である。

売上拡大を狙って多品種少量政策をとるメーカーが後を絶ちません。「それこそ中小企業が活きる道」と考えてのことだと思いますが、実際は「売れもしない品種を数多く増やすことが多品種か」と思えるほど、赤字が膨らむだけの結果に終わっています。

小売業も同じです。優れた商品管理システムがないのに多品種政策をやると、間違いなく売れ筋欠品、不良在庫過剰になってコストが上がり続け、利益は下がる一方です。

これからの時代はまず、売れない８割のアイテムをどんどん切っていくことが収益力を強化する当面の課題だと心得てください。それができない会社は、絞り込めば売上が落ちると心配するのです。売上高より粗利益高を追求してください。

「儲かるようにすべてを変える」より

［5―3］商品開発に終わりはない

業績を伸ばすには、寝ても覚めても
商品を磨き続けるしかない。

他社と明確な差別化を図るには、いついかなるときも商品を磨き続けるしかありません。

商品力を磨く重要なポイントは、ゴルフクラブメーカーのキャロウェイ社の企業理念「Demonstrably Superior&Pleasantly Different（見てすぐ、使ってすぐ、誰にでもわかる優れた差別化）」に集約されています。

実際に、キャロウェイ社のゴルフクラブは誰が見ても一目でわかる特徴のあるデザインです。実際に使ってみると飛距離が明らかに伸びるので、ライバルがひしめく市場の中で、いまもなお売れ続けています。

一介の化粧品メーカーの重役であったゴルフ好きの人間がキャロウェイ社を設立し、「遠くから見ても、使ってすぐに、誰にでもわかる優れた商品・サービス」のパターやドライバーを開発し、有力な先発企業を追い越したのです。

「儲かるようにすべてを変える」より

［5―4］商品を強化する出発点

自社の売りものの原点を把握せよ。

どこの会社にお伺いしても、商品を強化する出発点として、まず社長に、「あなたの会社の商品とは何ですか」とお聞きすることにしています。なぜなら、主力となる売りものがぼやけている会社が多すぎるからです。

困ったことは、いま本当に稼いでいる商品やサービスが何かを、社長がつかんでいないことだけではありません。そもそも、扱っている商品がどのような性格をもち、どのような特徴があるのか、お客様から見てどのような使われ方、求められ方をしているのか。自社の売りものの原点を把握しないで、まるで素人《しろうと》のようにぼやけた理解ですましている社長がいらっしゃいます。これでは、自社の商品やサービスを稼ぐように磨くことなどできません。

もし売れて儲かるものが見つかっても、それは偶然の結果であって、繰り返しうまくいく保証はありません。

「儲かるようにすべてを変える」より

［5―5］されどづくり

自社の商品を「たかが」とは考えずに、「されど」という視点から見直す。

世の中の商品は、どこにでもある「コモディティ」(大衆商品)と、他でマネできない高品質、優れた技術、秀でたデザインで付加価値をつけた「スペシャリティ」のどちらかです。

中小企業は自社の売りものを、コモディティの価格競争世界から抜け出させて、高くても売れるスペシャリティ化に向かわねばなりません。

魅力あるスペシャリティ商品の分野で勝負するには、自社の商品を「たかが」とは考えずに、「されど」という視点から必死で見直すことです。

つまり、「少しでも高く売れる商品の魅力づくり」という深耕《しんこう》です。自社の売りものを「巧《うま》い」「速い」「有難《ありがた》い」という切り口から、どこでも容易《ようい》には手に入らない、他社がマネできない、最高の品質とデザインで差別化を追求し続けるのです。

「稼ぐ商品・サービスづくり」より

［5—6］タケノコ経営

商品開発はタケノコ開発方式がいい。

「どんな会社にも設備と技術はある。そして素材が変われば別のものになる」、このことが商品開発で大切なポイントです。

使い慣れた既存《きぞん》の設備と既存の技術を駆使して、新しい素材、やったことのない材料を使って、新商品を開発するのです。

これを私は、根が一緒で違うところからニョキニョキ生えてくるタケノコになぞらえ、「タケノコ開発方式」と呼んでいます。

やたら自社の設備や技術を否定してしまう社長がいらっしゃいますが、商品開発というものは、タケノコ方式がよいのであって、設備も技術も新しい峠の一本杉方式では、なぜか枯《か》れてしまうのです。

「儲かるようにすべてを変える」より

［5―7］商品開発は掘り抜き井戸

深耕《しんこう》とは限りない「されどづくり」。

昔はあちこちに井戸がありました。井戸の中には汲《く》み出しているうちに涸《か》れてきて、水が湧かなくなってくることがあります。井戸の水の出方が悪くなったら、まず底を水が湧き出てくるまで掘り進め、それでもダメなら水の出そうな別の場所を掘り、新しい井戸をつくっていました。

それと違い商品は、売れ行きが鈍化《どんか》すると寿命がきた、成熟商品だから伸ばしようがないと諦《あきら》めてしまい、別の新商品開発に走る会社ばかりで、同じ商品をさらに掘り込んで、寿命を長持ちさせることを考える会社は少ないのです。

中小企業は、掘り抜き井戸の深掘りを企業方針として追求すべきです。水が湧かなくなった井戸の底を水が出てくるまで深く深く掘り続けるのです。狭く深く、同じところを掘ってみる。これを私は「深耕《しんこう》」と呼んでいます。

「稼ぐ商品・サービスづくり」より

［5―8］お客様の満足を優先する

先効果・後効率。

新商品やサービスを開発するときに、常に自社の「効率」が先にあり、お客様の「効果」が忘れ去られている会社が意外に多いことに驚きます。

自社の商品やサービスにどれだけお客様が満足し、感動してもらえるか。つまり、どのような効果があったかが先でなければなりません。コストダウン、生産性、利益の出る価格設定など、効率はその後の話です。売れもしないのでは前に進みません。

新商品やサービスはまず先にお客様から喜ばれて受け入れられることを考えるべきです。コストや原価は二の次で、これなら絶対に便利だ、画期的だ、うまいと感動してくれるものを作り上げる。儲かるか否《いな》かは、顧客の手に商品が渡ってからの話です。商品を手にした人たちが感動して、「もう一度買ってみよう、彼にも彼女にも勧《すす》めてみよう」という気にならないと経営は成り立たないのです。

「儲かるようにすべてを変える」より

［5―9］商品開発の着眼点

「モノ」の前と後を商品化せよ。

私は一貫して「商品の前と後ろを売れ」と指導しています。商品の前とは「ビフォアサービス」、後ろとは「アフターサービス」です。

自社の商品力を強化するためには、本来の仕事の前と後のサービスを自社でまかなって有料化することがカギとなります。前を売る、後を売るということは、「あの会社に相談すれば、すべてが上手くいく」「とにかく親切で、任せておけば面倒がない」という評価につながり、しかもそこから利益が稼げます。

すでにエレベーター会社、コピー機メーカーなどはハードの販売より、その後で発生するメンテナンスや消耗部品の交換で利益を上げていることはご存じの通りです。一般の会社でも、ものを売った後は、アフターサービスや後の商品でおカネをいただくやり方を採用するべきです。身離れのいい商品を考えるべきではありません。

「儲かるようにすべてを変える」より

[5―10] 粗利益率の改善策

粗利益率の改善は、上《かみ》に上《のぼ》れ、下《しも》に下《くだ》れ。

粗利益の改善のキーワードは、「上《かみ》に上《のぼ》れ、下《しも》に下《くだ》れ」です。消費財メーカーであれば、仕入れのさらに上流までさかのぼって、安くて性能の良い部品や、原材料を直接調達する。素材メーカーであれば、下に下って、最終商品まで手を広げるのです。

自社の川上・川下へ手を伸ばす方法は「トータルマーチャンダイジング」と呼ばれ、納品スピードアップや、差別化、開発・仕入れの強化が図られ、コストダウンに直接つながる経営手法です。

これは別にメーカーだけに限った話ではありません。ユニクロやニトリで知られるような流通業者が、自主開発した商品を海外メーカーに作らせたり、直輸入して問屋を通さずに直販するのもトータルマーチャンダイジングといえます。

「儲かるようにすべてを変える」より

［5―11］アイデア社長には弱点がある

大ヒット商品を出した会社は危険。

大ヒット商品を出した会社は危険だと私は考えています。

大ヒットを出した社長は周囲からアイデア社長ともてはやされ、波に乗っているときは次々にヒットを飛ばす。しかし、この社長が永遠に若ければよいのですが、現実はそうはいきません。ヒット商品で急伸した会社ほど、社長の年齢が上がれば上がるほど、例外なく消えてしまっているのです。

私が本当に強い会社と思うのは、ミリオンセラーをもっていなくても、中小企業であっても、マンネリと思えるくらい地道なロングセラーを1つ、2つもっている会社です。

これを3つ、5つと増やすことができれば、そこそこの商品を50、100揃《そろ》えている会社より遥《はる》かに強いのです。

「儲かるようにすべてを変える」より

［5―12］限定市場で一番を目指せ

卵はひとつカゴに盛れ。

マーケティングの世界で「卵はひとつカゴに盛るな」という言葉がありますが、私はあえて、「ひとつカゴに盛れ」と指導しています。

年商が100億円を超えた会社なら、リスク分散の面でも、一本足より三本足のほうが安定するでしょう。しかし、年商30億円～60億円の中小企業は、限定市場で一番になれなければ高収益会社実現はあり得ないのです。

強い商品がなく、そこそこの商品ばかりで特徴のない中途半端な品物では、かえって危険です。規模の拡大を、強い商品がない会社が目指してはなりません。売上規模ではなく、セールスマンが売りに行かなくても「購入させてください」と言われる商品力を磨くことなのです。

売りものに特徴がない、お客様が喜ばない中途半端な商品を売る商売は、やがて倒産に追い込まれます。

『儲かるようにすべてを変える』より

6　人と組織

[6—1] マッハ経営

総人件費＝《イコール》経常利益のマッハ経営を目指せ。

総人件費と同じだけの経常利益をたたき出す経営を「マッハ経営」といいます。そして、マッハ経営には、さらに上をいく総人件費の2倍の経常利益をたたき出す「マッハ2」があります。マッハ2ともなれば、税引き後の純利益と総人件費が同額になります。

しかしマッハ経営を実現している企業は、最初から労働生産性が良かったわけではありません。むしろ労働問題を多く抱えていたので、「個々の待遇を良くできない」「良質な人材を揃えられない」「省人化する資金がつくれない」、これらの課題を経営者が考え抜いて、時間をかけて労働生産性を高めたのです。

マッハ1経営を実践している会社は粗利益高が高く、正社員が少なく、設備や装備が充実しており、機械化・省人化・システム化が進んでいます。このような会社は、1人あたりの給与水準も高く、労務問題はめったに起きません。

「儲かる組織に作り変える」より

［6―2］労働生産性の発想で考える

労働分配率ではなく、労働生産性の発想で経営を考える。

労働に関する指標には、「労働生産性」と「労働分配率」の2つがあります。労働生産性は、どれだけの人件費を使って何倍の粗利益を稼いだかを表し、数字が大きいほど1人あたりの稼ぎが大きいことを示します。一方、労働分配率は粗利益に占める人件費の割合を示し、数字が小さいほど少ない人件費で粗利益を稼いでいることになります。

私は、「経営者は労働分配率ではなく、労働生産性の発想で経営を考えてください」と伝えています。なぜなら、労働生産性は、社員にとっては頑張って生産性を高めれば利益が増えて給与が上がるというイメージがしやすくなり、会社としても積み上げ的な発想がしやすくなるからです。一方、労働分配率で考えてしまうと、得られた利益をどう分配するかという「利益をよこせ！」という発想が主になって、利益を最大化するための発想がしにくくなります。

「儲かる組織に作り変える」より

［6―3］片腕に求める役割

不得手《ふえて》の分野をカバーしてくれる片腕を持て。

経営者は多かれ少なかれ、次の5つの特徴をもったタイプに分かれます。1つ目は「商品づくりに熱心」な社長。2つ目は「管理がうまい」社長。3つ目は「人づかいのうまい」社長。4つ目は「人脈づくりに熱心」な社長。5つ目は「販売がうまい」社長です。

そして会社は「社長の得手《えて》の分野でつまずく」ことが多いのです。これまで自分の得手《えて》な分野で力を発揮して今日の事業があります。それだけに社長は得手《えて》の分野への思い入れが強く、ちょっとしたことでも気がつくのに、不得手《ふえて》の分野には関心が薄い。そのため経営判断のバランスを欠く傾向があるのです。

だからこそ、正しい経営判断をしていく上で最も大切なことは、不得手《ふえて》の分野をカバーしてくれる片腕を持つことなのです。

「儲かる組織に作り変える」より

［6—4］組織づくりの法則

組織づくりは「1・3・9」の法則。

私の長年の経験から、年商50億円までなら、社長と「管理」「生産（仕入れ）」「販売」の3部門に優秀な人材が揃《そろ》ってさえいれば、あとは全員が並み以下の人材でも優秀な業績を上げ続けることができると確信しています。

その上で各部門を任せる3人の幹部にそれぞれ、優秀な部下を3人ずつもたせるように指導します。社長のもとに部門の責任者3人、その下にそれぞれ3人、つごう9人の補佐役、つまり社長のもとに合計12人の人材が揃えば、あとの社員が並み以下でも、年商100億円企業を立派に運営できるのです。

私はこのような組織づくりを「1・3・9の法則」といっています。社員全員が優秀である必要はないのです。平凡な人間を非凡にさせるのは、優秀な少数の幹部と組織力であり、システム化です。

「儲かる組織に作り変える」より

会社がピンチになった時に人を大量解雇しなくてもすむ組織づくりこそ、社員を本当に大事にしているということではないか。

私は「人にやさしい経営は危うい」と言い続けています。もちろん人を大切にし、解雇することもなく、利益を出し続ける経営は素晴らしく、褒《ほ》められたことです。しかし経営は明日は何が起こるかわかりません。その時に大規模なリストラを断行して、どうして社員を大切にしていたといえるでしょうか。

正社員として採用した限りは雇用を守り続ける。その代わりに、間接部門やコア業務以外の部署では、契約社員、派遣社員、パート・アルバイト、フリーランスで構成する。

このような景気変動に対応できるよう柔軟で筋肉質な組織づくりこそが、真に社員を大切にしている会社といえるのではないでしょうか。

社員の多すぎる会社は不況には実に弱い。多くの事例を見てきました。極論を言えば、「社員は少ないほうがよい」のです。

「儲かる組織に作り変える」より

［6—6］社員のやる気に頼らない

社員のやる気に頼るな。

経営者としての自分の責任を棚に上げて、「社員は元気がないし、志気も上がらない」などとこぼす社長が少なくありません。考え方がまったくの逆なのです。中小企業の実際は、社長の手腕で利益を出して、経営を安定させ、給料が上がるからこそ、社員はやる気になるのです。

社員をやる気にして利益を出そうという観点からの組織論を考える必要など、そもそも中小企業にはありません。

組織の目的は、利益を稼ぎ出すことにあります。社員のやる気はその目的達成の一手段にすぎません。したがって、会社の組織自体が「稼ぐことのできる仕掛け・仕組み」になっているのかどうかこそ、真っ先に論じなければならないのです。利益実現のノウハウが確立していれば、社員のやる気に頼る必要などありません。

「儲かる組織に作り変える」より

［6—7］同業他社よりも高い給料を払う

業界平均・地域水準・世間水準にちょっとプラスした給料を払う。

近頃、「採用広告を出しても一人も応募が来ません」と嘆く経営者が増えましたが、往々《おうおう》にしてそういう会社は給料が高くありません。

採用で必要なことは、給料が他社よりも高いことです。具体的に時給でいえば、最低でも200円くらい高くします。言うまでもなく応募者の一番の関心は、この会社で働いて、いくらもらえるのかということです。それ以外の要因は応募者にとって二の次なのです。

若い労働力が不足しているブルーカラーの場合は、同業他社の1・5倍は払っていいと考えています。そこまでしなければ採《と》れない時代が来ています。

その場合、高い給料をとっているホワイトカラーの仕事をシステム化して減らし、総人件費を増やさないようにすることをあわせて行なうことも大切です。給与水準の高い会社は、総人員は少ないのです。

「儲かる組織に作り変える」より

［6—8］労務費への打ち手

労務コストは、年々アップすることが見えているコスト。行動が遅れると固定費増は避けられない。

多くの会社は社員の年齢が上がるたびに給与をなにかしら上げています。もちろん、仕事についてから数年は、1年仕事を続ければ、それだけ仕事の習熟度が高くなり、成果が高くなるから、それに合わせて上げるという関係が成り立ちます。しかし、40代、50代の社員に同じことがいえるでしょうか。

私は、部課長以上の管理職は定期昇給ではなく、年俸制にしなければならないと考えています。そして揉《も》めないためには、これから1年間、最低どのような仕事をしてもらいたいのか、箇条書《かじょうが》きで示しておく必要があります。

また、すべて正社員でこなそうとするのではなく、アルバイトや契約社員、アウトソーシングをもっと活用し、組織全体を安上がりにする。少人数にし、自動化を推《お》し進め、そもそも人に頼らない、人を増やさない仕組みを整備することも重要です。

「儲かる組織に作り変える」より

［6—9］儲かる会社の規模

小さな会社が一番儲かる。

業種によって変わりますが、収益性からいうと年商40億円から70億円前後が一番儲かります。理由は社員全員に目配せでき、自社の得意先もわかって、出金も明確。社員が100人以下であれば、税務調査もほとんど来ません。

そうはいっても営業畑出身の社長は決まって規模の拡大を目指します。私は、そういった方にはホールディングス構想をおすすめしています。年商10億〜20億円の会社に分割し、幹部を社長に据《す》えるのです。幹部も責任は重いですが、まわりから「社長」と言われるほうがモチベーションは確実に上がります。

これからの日本は少子高齢化で、「働く人の減少」や「市場の縮小」を考えれば、小さな会社がたくさん集まったネットワーク会社で闘《たたか》うのもひとつの戦略だと思います。

「儲かる組織に作り変える」より

［6―10］社員の善意をあてにしてはいけない

社長の言うことを全員が理解してくれている
と思っているのは社長だけである。

私は、社員やパートの善意とか意欲に頼ってはいけないと考えています。なぜなら、末端で働く人たちは社長の期待するほど勤勉でもないし、責任感にあふれているわけでもないからです。もちろん意欲的で責任感の強い社員にもお会いしてきましたが、圧倒的に少数派です。

それにも関わらず、同じ日本語を話し、同じような顔をし、一緒に仕事をしていたら、社長の言うことを全員が理解してくれると思っているのは、社長だけです。あるスーパーでは売れ筋商品を「頻繁《ひんぱん》に補充《ほじゅう》しないといけなくて面倒くさい」と、パートがあえて並べていないという事態が起こっていたこともありました。

私に言わせれば、それは社長の人の使い方が悪いのです。社員の善意をあてにして、いい加減な経営をするから、社員もいい加減になってしまうのです。

「儲かる組織に作り変える」より

［6―11］人はミスをし、過ちを犯すもの

人を信用することと、人の行動を信用することはまったくの別問題。

仕事柄、社員の不祥事《ふしょうじ》を多く見てきました。見るからに勤務態度が悪い社員なんてあまりいません。もしいても彼らがやる不正など、会社が危機になるような被害にはなりません。

やられるのはいつも同じ。誰もが「あいつに限って」という人です。そして「信じていたのに裏切られた」と言います。

ですから「人を信用することと、人の行動を信用することは別問題」と常に申し上げているのです。

人はミスをし、過ちを犯すものなのです。だからチェックをしなくてはいけないのです。管理とは、人が過ちを犯すという前提に立たなくてはならない。不信ではなく、「人はミスを犯す」ためにチェック行為があるのです。

「儲かる組織に作り変える」より

［6―12］設備・システムを強化せよ

人間中心だけでは闘えない。

ひと昔前の中小企業は低賃金、休みは少なく、残業も多いといったことが常態化していましたが、これからの時代は通用しません。

人が採《と》れない、若手の労働力が減る一方であることは明白です。

だからこそ、現在のマンパワーで行なっている作業を、機械やシステム、ソフトウェアに置き換えて、人力に依存《いそん》する経営から最小限の人数で業績を上げられる組織につくり変えなければなりません。

いまや私たちは第四次産業革命といわれる激変の真《ま》っ只中《ただなか》にいます。その中のキーワードであるIOT、ビッグデータ、AI、ロボット、クラウド、DXといった革新的技術を積極的に活用していくことが大切なのです。

「儲かる組織に作り変える」より

7

高回転経営

［7―1］カネ回りのよい会社

「カネ回りがよい会社」とは「売上が伸びる会社」と信じている経営者がおられるが、大いなる錯覚である。

売上が急増しても「カネ回りがよくなる」場合と「カネ回りが悪くなる」場合があります。売上高の伸び率より、経常利益高の伸び率が高い会社がカネ回りがよいのであって、売上高の伸び率が高くても、経常利益高の伸び率も高いかというと、そうではありません。低いことが多いのです。

ところが、現金商売で日銭が入る業種の経営者の中には、「カネ回りのよい会社」とは「売上が伸びる会社」と信じている方がいますが、錯覚です。

カネ回りの悪くなった会社は、売上が減ったからカネ回りが悪くなったと営業に発破をかけて売上を獲りに走らせます。売上が伸びても、粗利益率が低く、販売管理費、支払金利が多くなると、経常利益は悪くなるのです。

カネ回りのよい会社とは、お客様がわが社を追いかけてくれる会社であって、お客様を追いかける会社ではないのです。

「カネ回りのよい経営」より

［7―2］強い会社の定義

強い会社とは、商売をすればするほどキャッシュが残る会社である

世の中では漠然《ばくぜん》と、良い会社・悪い会社という言い方をしますが、私は「おカネに強い会社」と「おカネに弱い会社」の2つに分けるべきだと考えています。

そして、「おカネに強い会社」とは、商売をすればするほどキャッシュが残る会社です。必要なおカネを借りなくてもすむ余裕のある社長は、わが社の将来を落ち着いて展望できるようになります。

また、「儲かる業種」と「損する業種」という考え方も誤りです。正しくは、B／S《バランスシート》発想で揺るぎない利益を追いかけて儲け続ける人と、P／L発想で純利益を追いかけて、いつまでたっても借入金が減らず、借金過多の会社、経営者がいるだけです。

「カネ回りのよい経営」より

［7―3］回転こそが利益造出のキーワード

ヒト・モノ・カネの経営資源の使い方を回転という視点から徹底して見直す。

私は、これまで多くの指導先で、「回転こそが利益造出のキーワードです」とお話ししてきました。

回転を高める（早める）ということは、原材料でいうなら、その日に仕入れたものをその日のうちに売って、材料費も利益も現金で回収することであり、設備であれば、営業時間を長くしてでも売上を上げて、一日でも早く設備にかけた支出を回収してしまうことです。

中小企業は、カネがなく、人材がなく、商品力も弱く、販売利幅も低く、売上規模も小さい。小さくて、ないない尽くしの会社が利益を上げるには、利益率のよいものをつくり上げると同時に、資産の早い回収（回転率）を目指さざるを得ないのです。

「カネ回りのよい経営」より

［7―4］使えるおカネを増やす法

キャッシュフローをひねり出す五増六減策《ごぞうろくげんさく》。

「利益」に敏感な経営者は多いが、「キャッシュフロー」というと、流行語程度にしか理解していない経営者もまた、残念ながら少なくありません。

「利益」とは、「そのまま使えるかどうかわからないおカネ」です。

一方、「キャッシュフロー」とは、「使えるおカネの流れ」、つまり「カネ回り」のことを指します。

大切なことは、「キャッシュフロー残(使えるおカネがいくらあるか)」と「利益額」を明確に区別することです。

カネ回りをよくし、使えるおカネを増やす方法は、「五増六減策《ごぞうろくげんさく》」にまとめられます。

増やすことで「使えるおカネを増やす」策は次の5つです。

①現金取引を増やす・前受金をもらう
②利益を増やす
③資本金を増資する
④未払金・買掛金・支払手形を増やす
⑤借入金を増やす

次に減らすことによって「使えるおカネを増やす」策は次の6つです。

①受取勘定サイトを縮める
②在庫棚卸高を減らす（償却）
③建物、機械、設備を減らす（償却）

④土地を売却する
⑤生命保険は掛け捨てにし、損金にする
⑥納税金を減らす

これら、どれかひとつだけを採《と》り入れるのではなく、自社の状況に合うように複合的に、しかも継続的に取り組んでいただきたいのです。

この五増六減策を平素からやっていなければ、たちまち「キャッシュフロー残」がどこかに消え去り、おカネが回らなくなってしまいます。

「カネ回りのよい経営」より

［7—5］回転発想こそ事業の原点

売りものを早くゲンナマに変える回転発想こそが事業の原点。

商売上手のユダヤ商人や超高収益企業のトヨタの経営をつきつめると、

・「おカネをモノに変えたら寝かせることなく、即座に売っておカネを回収する」高回転経営

・「稼がない資産にはビタ一文使わない」総資産利益率のあくなき追求

という「現金第一主義で、少ない元手を効率的に回して稼ぐ朝市のおばさん」と同じ考え方を貫いています。

朝市のおばさんは、資産がないと商売ができないなどとは考えません。仕入れたものはできるだけ早く売り切って、「ない」ようにしています。そして、その場での現金売りなので、回収期間もゼロです。

多くの固定資産をもたず、売りものを早くゲンナマに変える回転発想こそが、事業の原点なのです。

「カネ回りのよい経営」より

[7―6] 前受金を自社のビジネスに組み込む

現金取引、前金取引を行なえ。

私は「前受金」が大好きです。

世の中には、教育産業、映画演劇業界、不動産賃貸業など、前受金が当たり前の業界があります。

その他にも雑誌の定期購読や住宅の着工費、互助会方式の掛金制度、プリペイドカード、機械保証金と名前を借りた警備保障会社の警備費等、代金を事前に一部、または全部いただくというビジネスは世の中に数多く存在します。

もし自社に前受金がなかったら、自分のビジネスのあらゆる過程の中に、この「前受金」がいただける仕組みがつくれないか、ぜひ検討していただきたいのです。

「カネ回りのよい経営」より

［7—7］資金繰りをよくする秘訣

売上の回収は早く、支払いは遅く。

お客様から早く売掛金を回収する。そして、買掛金は売掛金を回収した後に支払えばよいことは、十分に理解されていると思います。ところが現実には、できていない企業が大半です。

できない企業は決まって、「この業界では昔から回収期間が長い。わが社だけではムリ」「口酸《す》っぱく言っているが、営業に徹底できない」「お客様、取引先様あってのわが社、そんなことをすれば売上低下の要因になる」などと、言い訳をしています。

この問題は社員同士で交渉しても解決できません。社長が顧客先に直接訪問して、トップ同士で解決しなければならない、社長マター（課題）です。

紙の手形、小切手もなくなる時代が来ました。月末締め30日決済が当たり前の時代が来ているのです。

「社長の財務戦略」より

［7―8］回収できない恐ろしさ

回収が完了するまでは
おカネを貸しているのと同じ。

商品が売れないことよりも怖いのは、「回収不能」になることです。

この回収不能、不良債権の発生はどの企業でも同じかというと、そうでもありません。引っかかりやすい企業は、あちらこちらで引っかかるのです。

回収できない理由を相手の企業倒産による事故で終わらせてはいけません。過去の事故事例を徹底的に検証することに加えて、情報を社内で共有化させることが肝心です。担当者だけでは見えてこないものも、ベテランの目でチェックすれば、危険信号だとわかるはずです。

おカネをもらうのではなく、貸したものを返してもらう。回収にはそれくらいの気合をもってやらなければなりません。そして、売上至上主義をあらため、回収サイトを重視する方向に社長として舵を取らねばならないのです。

「稼ぐ商品・サービスづくり」より

［7—9］在庫管理の視点

在庫はキャッシュの変形である。

在庫を何のために置くかといえば、それを売って、もっと大きなおカネに換えるためともいえます。ところが、おカネをいったん在庫という形で物に換えると、扱いが粗末になるようです。

指導のために会社にお邪魔した帰り際に、「先生、これ持って帰ってください。うちの商品ですから」と、実に気軽に自社の商品を持たせてくれるケースが多々あります。これが現金だったらどうでしょうか。

もし造幣局を見学しても、お土産に製品（おカネ）をくれることはありません。在庫はおカネにするためにとりあえず物として置いてあるに過ぎません。キャッシュフローと在庫の関係をハッキリ知るためにも、棚卸《たなおろし》を欠かさないようにしてください。現金（ゲンナマ）はリンゴと違って腐ることはありませんが、在庫となると時間経過とともに腐りはじめます。まわりの在庫まで腐らせてしまうのです。

「稼ぐ商品・サービスづくり」より

［7—10］機械設備の回転率を上げる

人は8時間。機械は24時間。

私は機械やロボットが大好きです。そもそも機械は人間と違って裏切らないし、文句も言いません。

加えて、静岡のR精密のように、一日24時間365日、一年中休みなしに全自動無人機械で製品をつくることも可能です。さらに24時間動かせば、他の工場よりも3倍動いているので、減価償却費は3倍も多く、それだけ早く償却もできます。

私の経営手法の柱として、「工場でも、店舗でも、24時間365日稼働すれば、資金回収は早い」というセオリーがあります。

人間に頼るやり方では限界があります。だからこそ、業種・業態によって差はあるものの、人間の労働、特に額に汗する労働はできる限り機械などの設備投資で行なえるよう、経営を変えていく工夫が必要です。


「先効果・後効率主義の経営　企業は腰で決まる」より

キャッシュフロー経営とは稼いだ現金の社外流出を防ぐ経営のこと。

私は売上よりも利益、利益よりもキャッシュが大切だと考えています。

キャッシュとは、預金通帳にのっている金額そのものです。

会社が自由に使えるおカネであるキャッシュフロー額は、営業利益＋《プラス》減価償却費＋《プラス》特別損失額で計算されます。

経営の現場に立っているとわかりますが、特別損失もキャッシュフローに寄与してくれます。

経常利益高の４０％が法人税と考えるならば、経常利益高－《マイナス》特別損失＝税前利益がゼロならば、法人税は払わなくてよくなります。

つまり経常利益高がマルマル残るキャッシュリッチな会社になれるのです。

「会社の病に効くクスリ」より

8　事業承継と後継者育成

承継の巧拙《こうせつ》こそ企業の長期繁栄の鍵を握っている。

事業承継は、経営者にとって避けられない宿命です。

ところが厄介《やっかい》なことに、承継期はその会社の弱みがもっとも表面化する期間なのです。

いかに先代がすばらしい企業を築きあげても、承継に失敗してあっけなく崩れ去る例を幾度《いくど》もこの目で見てきました。

一方で、事業を引き継いだ社長が、社業を数十倍に伸ばしたり、上場を果たし「中興の祖」といわれるような優れた経営者として称えられ、日本のトップ企業に大成長させることがあります。

事業承継のやり方次第で、会社は強くも、弱くもなるのです。

「会社を上手に任せる法」より

［8―2］相続は争族の始まり

継承期は相続をめぐって、身内の「争族」がおこりやすい警鐘期でもある。

会社存続の一番の危機は、会社の継承期にあらわれます。すなわち、株式の分散、会社支配権の不安定、多額の相続税、財産分配をめぐる争族、親子ゲンカ、兄弟ゲンカ、能力のある後継者の不在…。これらの諸問題は、いずれの会社にも、継承期に出現する危険性があるのです。

その解決法には、長期間(少なくとも10年)という時間が要ります。オーナーは60歳から70歳の期間は事業のみにエネルギーを注力するのではなく、次代をになう社長幹部の指名育成、トップや幹部の自社株を手放し、次の者への譲渡、その資金の準備、会社についた錆《さび》や膿《うみ》を洗い出すことを進めなければなりません。これには10年ぐらいの時間が必要です。

しかし多くの社長は、引退を現実視しようとせず、行動を起こさないのです。

「承継と相続おカネの実務」より

［8―3］若さは武器になる

会社が成長を続けるには、必然的にトップの若返りしかない。

どれだけ優秀な名経営者であろうと、歳をとれば残された時間が少なくなってきます。

時代が変化し、これまでのビジネスモデルを変えなければならないことはわかっていても、変えるだけの時間が自分には残されていない瞬間が訪れます。だから会社が成長を続けるには、必然的にトップの若返りしかないのです。

後継者にとっては大きなチャンスです。時代の変化がわからない歳老いた幹部では間違いなく立ち行かなくなります。

そのとき自分が主役となり、時代の変化に合わせて事業を変え、かつては屈強であったライバルを凌《しの》ぐことができるのは、若くて時間がいっぱい残されているからこそです。これは後継者のある意味、最大の魅力です。

「後継者の鉄則」より

［8―4］経営者の退き際

人生も事業も商品も始めるよりも終わるほうが難しい。

私は経営コンサルティングの折々に「始末《しまつ》」という言葉をよく使います。中国古典の「大学」に「物に本末《ほんまつ》あり、事に終始《しゅうし》あり、先後《せんご》するところを知ればすなわち道に近し」という一節があります。

この意味は「始めたら末にもけじめをつけてこそ、道に外《はず》れない生き方、考え方」ということです。

我々にとって一番難しいのは自らの役割の始末をどうするかです。この世からいつかはお暇《いとま》するのです。その前に経営者は企業から去るための始末をしておかねばなりません。この準備の悪さから、せっかく築きあげた一大作品である企業そのものが消失した事実を、私は自分の目で数多く見て体験してきたからこそ申し上げるのです。

早め早めに終活行動に入るべきです。早めの引退が、愛する会社を存続させることにつながります。

「会社を上手に任せる法」より

［8―5］承継は15年計画

承継計画、相続税対策は60歳から75歳までの15年がかりの計画。

成功する事業承継はなかなか簡単なものではありません。
私は、指導先に次のような承継計画を勧《すす》めています。
・60歳で社長を退き、代表取締役会長に就く。
・65歳で代表権を返上し、退職金を受給。本命の後継者に経営を譲《ゆず》る。
・70歳で会長を退き、取締役相談役となる。
・75歳で完全退職し、「ファウンダー」となる。
すばらしい経営を続けている会社をみると、創業者が60歳で会長職になり、それから10年間、後継者の仕事を見守り、70前後で後継者にすべてを任せている例が多いのです。経営責任から逃れたあとの一生は、死ぬまで苦労することはありません。使いきれない高額退職金をもらい、残り少ない時間を自由に使うこと、こんなに楽しいことはありません。

「承継と相続おカネの実務」より

［8—6］自社株の価値はカメレオン

中小企業の株式で最大の問題点は他に売れないのに価値があること。

株式には財産としての価値（財産権）と、会社を支配するための道具（支配権）という2つの側面があります。

そして、株式を継承させる場合は、財産権としての側面と、支配権としての側面、その両方に配慮しながら対策をとらなければいけません。

株式の価値はカメレオンといわれるように、株式の値段は誰が売るか、誰が買うかによって大きく変わります。中小企業のオーナー親族が引き継ぐ場合、株式は会社を支配するための道具であって、非常に価値の高いものになります。ですから、親族の後継者への株式の売却には、高額の買取資金が要ります。支配権のためにも株数が必要になります。そのために、種類株というものを賢く活用してください。

「承継と相続おカネの実務」より

［8―7］株主の構成

株主構成は34、51、67という数字を常に意識せよ。

３４、５１、６７…株式の支配権という側面を考えたときに、この数字は絶対に知っておかねばなりません。この数字を境に、株主としての会社に与えることができる影響力が大きく変わってくるからです。つまり株主として議決権を何％もつかということです。

まず、社長は少なくとも５１％の議決権を握ってください。これにより株主総会での普通決議事項を決定できます。次に６７という数字ですが、６７％の議決権を握ると株主総会での特別決議事項を決定できます。最後の３４％というのは、この裏返しです。つまり３４％もっていれば、株主総会の特別決議に「反対ができる」のです。

会社支配という観点からは、３４、５１、６７という数字を常に意識して株主構成を考えていく必要があるのです。

「承継と相続おカネの実務」より

［8—8］株式を分散させない

株主を減らす・集める・固める。

私はどんな会社であっても、株式は会社運営の後継者に集中させるべきだと考えています。

しばしば、長男を後継者に指名しながら、「他の兄弟がかわいそうだ」と考え、株式は兄弟で平等に分けたという会社を目にします。

兄弟仲良しだから大丈夫だと思っていても、後に関係性がこじれ、支配権をめぐって争いが起き、会社を傾《かたむ》けてしまうケースが多々あります。

ましてや、取引先や従業員に安易《あんい》に渡してしまうなど、もってのほかです。

ある日、少数株主が現れ、高値での買い取りを要求される。買い取り交渉に苦戦し、裁判になる。わずかな株式で疲弊《ひへい》するほど無駄《むだ》なことはありません。

とにかく、株式を分散させない。分散していれば、早く後継者に株式を集中させることを進めてほしいのです。

「承継と相続おカネの実務」より

［8—9］同族臭を払拭せよ

同族会社が悪いのではない。
「同族臭」がするから悪いのである。

【資料のダウンロードについてのご案内】

本書購読者の方に限り、下記のURLより左記の2つの資料をプレゼントします。

①井上式B/S面積グラフの作り方(PDF)

②面積グラフを使った経営分析シート(PDF)

①は、本文56ページ『面積図でバランスシートを理解せよ』で紹介したB/Sを数字の羅列ではなく、図として瞬時に理解できる**「井上式面積グラフ」**を実際に作成するための手順をより具体的に記した特別原稿です。

②は、面積グラフ作成の際に便利な、目盛りつきのワークシートです。

下記のURLにアクセスして、お名前とメールアドレスをご登録ください。折り返し、ダウンロードに必要な「ID」と「パスワード」をメールでお送りします。

ダウンロードの際はスマホではなく、PCのご利用を推奨いたします。

https://www.jmca.jp/form/mensekizu

井上和弘の経営の核心102項

定価：本体　三、三〇〇円（税別）

二〇二四年　十一月十四日　初版印刷
二〇二四年　十一月二十日　初版発行

著　者　井上和弘
発行者　牟田太陽
発行所　日本経営合理化協会出版局
〒一〇一—〇〇四七
東京都千代田区内神田一—三—三
（電話）〇三—三二九三—〇〇四一（代）

装丁　尾崎あすか
編集　西野光輔
印刷　日本印刷
製本　島田製本

　ISBN978-4-89101-481-0 C2034